Perlen & Trüffel

Klaus Bittermann, 1952 geboren, ist Verleger, Autor, Herausgeber zahlreicher Anthologien (zuletzt: »Auf Lesereise. Was unterwegs alles schiefgehen kann. Wahre Geschichten«), Dandy, Vorleser mit fränkischem Schmelz in der Stimme, Betreiber des »Clubs der letzten Gerechten« im Roten Salon der Volksbühne, in den er andere Vorleser einlädt. Lebt in Berlin-Kreuzberg. Schrieb in den Neunzigern eine Krimi-Trilogie mit dem Protagonisten Marc Einstein. Kürt jeden Monat den Peinlichsten Prominenten. Schreibt die wöchentliche Kolumne »Blutgrätsche. Die Wahrheit über den Bundesligaspieltag« in der *jungen Welt* und veröffentlicht unregelmäßig in der *taz*.
Buchveröffentlichungen: »Das Sterben der Phantome«, Berlin 1988; »Geisterfahrer der Einheit«, Berlin 1995; »Noch alle Schweine im Rennen?«, Mainz 2001; »Strandgut der Geschichte«, München 2001.

Edition
TIAMAT
Deutsche Erstveröffentlichung
Herausgeber:
Klaus Bittermann
1. Auflage: Berlin 2004

Grimmstr. 26 – 10967 Berlin
Druck & Bindung: Fuldaer Verlagsanstalt
ISBN: 3-89320-081-9

Klaus Bittermann (Hg.)

Perlen & Trüffel

Eine kleine Reise durch 25 Jahre Verlagsgeschichte

Critica
Diabolis
124

Edition
TIAMAT

INHALT

Auf und Ab mit Tiamat
Kurzer Ausflug in die Verlagsgeschichte

Aufgeschrieben vom Verleger selber

25 Jahre Verlag ist fast wie Goldene Hochzeit. Oder Steinerne Kommunion. Oder so was ähnliches. Man ist ganz schön alt. In der *Bayerischen Rundschau*, dem Heimatblättchen meiner Geburtsstadt Kulmbach, wäre das vielleicht sogar ein Anlaß, ein Foto zu veröffentlichen, auf dem ich betröppelt aus der Wäsche gucke. Und wenn's ganz dumm liefe, würde mir jemand einen Blumenstrauß überreichen und die Hand schütteln, und unter dem Foto würde stehen: »Der Jubilar Klaus Bittermann feiert sein 25-jähriges Verlagsbestehen.« Aber nicht nur in Kulmbach, auch woanders ist es immer das Alter, das beklatscht wird, die Leistung, so lange durchgehalten zu haben bis auf Ausnahmen menschlicher Schwäche selbstverständlich. Mein Durchhaltevermögen bestand jedoch nie in etwas anderem als vor mich hinzuwursteln. Ein bißchen kommt es eben auch darauf an, was man fabriziert hat.

Auf vielfachem Wunsch werde ich hier einige Episoden aus dem Innenleben eines dilettierenden Verlegers erzählen. Nicht über jeden und alles werde ich erzählen, was mir vergeben werden möge, auch werde ich keine Skandale ausplaudern, sondern schön für mich behalten, aber ich biete eine kleine selektive und ausschließlich von meiner Willkür diktierte Wahrnehmungsgeschichte, die ich bei 25 Jahren auf den wenigen Seiten zwangsläufig nur düsenjägermäßig überfliegen kann.

Wie häufig Mitte der siebziger Jahre wurde der Verlag von einer Gruppe von Leuten ins Leben gerufen, die ein solches Unternehmen für sehr originell hielten. Einer machte den Vorschlag: Tiamat. Keiner wußte, was das bedeuten sollte. Mit babylonischer Mythologie hatten wir nicht viel am Hut, aber mit Tiamat in der Bedeutung von Chaos und Ursprung konnten wir uns anfreunden. Und natürlich Edition, das hatte französisches Flair, auch wenn es deutsch ausgesprochen wurde. Wie häufig bei solchen Gruppen hatte sie nur eine geringe Haltbarkeit. Sie löste sich auf. Ich blieb bei der Stange.

Das erste Projekt: Nachdruck der ersten sieben vergriffenen

Nummern der in Berlin herausgegebenen anarchistischen Theoriezeitschrift »Schwarze Protokolle«, die eine gründliche Kritik der Anfang der Siebziger in Mode geratenen K-Gruppen und grandiose Artikel des Sonderlings H.D. Heilmann enthielt. Mit 500 Seiten ein echtes Mammutwerk. Dann rief ich eine Zeitschrift ins Leben: »anschläge«. Einziger Autor des Blattes: Ich. Vorteil: Niemand widersprach mir. Später änderte sich das. Texte aus dem Französischen wurden übersetzt. Es ging um den Putsch in Polen und die »Jugendunruhen« in London, Zürich, Amsterdam und Berlin. Aber das war schon Anfang der Achtziger.

Vorher saß ich noch in Nürnberg und edierte eine kleine surrealistische Schriftenreihe mit Jacques Prevert, René Crevel, eine Anthologie über den Comte de Lautréamont, Texte zur »Notwendigkeit der Revolte« von der surrealistischen Konkurrenz-Gruppe »Le Grand Jeu« und den lustigen Porno »Die tollwütigen Hoden« von Benjamin Péret, der mir von einer gewissen linken Buchhandlung in Göttingen einen geharnischten Brief einbrachte. Die Bücher wurden zurückgeschickt. Auch von Antonin Artaud gab ich unerlaubterweise zwei kleine Broschüren heraus. Dadurch lernte ich den Münchner Verleger Axel Matthes kennen, der die Rechte an Artaud hatte und mich sehr freundlich darauf hinwies, daß man das so nicht einfach machen könne.

Daneben publizierte ich einige anarchistische Agitationsschriften von Johann Most und den »Einspruch gegen die Kapitulation von 1937« von einem »Unkontrollierten« der Eisenkolonne. Was sich so geheimnisvoll anhört, ist eines der wenigen Dokumente des Spanischen Bürgerkriegs, in denen die Remilitarisierung der spanischen Kolonnen durch die Kommunisten kritisiert wurde, was die Rückkehr zu militärischer Hierarchie bedeutete. Gegen diese Neustrukturierung der Armee leisteten die ehemaligen Knackis, die von den Anarchisten befreit worden waren und eine eigene Miliz gegründet hatten, heftigen Widerstand. Das erste Buch, das eine etwas größere Erwähnung fand, und zwar durch Jörg Fauser, der damals beim *Tip* arbeitete und dem das Büchlein als Anlaß diente, einen großen Aufsatz über den Spanischen Bürgerkrieg zu schreiben. Schon allein aus diesem Grund fühlte ich mich quasi verpflichtet, die Biographie Jörg Fausers herauszugeben, als die

Autoren Matthias Penzel und Ambros Waibel im letzten Jahr an mich herantraten.

Die letzte verlegerische Tat in Nürnberg bestand 1981 in der Herausgabe des 1. Bandes der Reihe Critica Diabolis, in der bis heute 123 Bände erschienen sind. Es handelte sich um eine Übersetzung aus dem Französischen. »Aufrufe aus dem Gefängnis von Segovia«, in dem Mitglieder einiger Autonomen Gruppen einsaßen, die Banküberfälle auf dem Gewissen hatten, aber im Unterschied zur ETA nie Menschenleben in Gefahr brachten. Der damals in Spanien lebende Guy Debord warf sich publizistisch für die autonomen Gruppen in die Bresche und

Ein Bericht von Jörg Fauser

1.

Ich möchte über ein Buch schreiben, dessen Autor unbekannt ist, und dessen Text nur wenige Seiten umfaßt – ein Aufruf, erschienen zwischen dem 12. und 17. März 1937 in der anarchistischen Tageszeitung von Valencia, in Auszügen nachgedruckt in einem historischen Fachbuch, eine winzige Fußnote zum 20. Jahrhundert, eine Spur, die vielleicht in die dunkelsten Verliese unserer kollektiven politischen Seele führt, zu den vermodernden Fahnen und den Knochenbergen, die geblieben sind von 2000 Jahren Utopie und Freiheitsträumen. Also in eine Reise in die Nacht, und machen wir uns nichts vor, das Morgenrot, das der Stunde folgt, in der es am dunkelsten ist und am kältesten, hat nichts mehr mit dem Rot der einst verheißenen Paradiese zu tun, es erinnert nur an das Blut, das um sie vergossen wurde. Und also an Spanien.

6.

Die Proletarier und Kriminellen, aus denen sich die „Eiserne Kolonne" zusammensetzte, gehörten zu den fanatisch Reinen dieser spanischen Revolution. „Wir akzeptieren nichts, was gegen unsere anarchistischen Ideale geht, Ideale, die Wirklichkeit werden müssen, weil man nicht das eine predigen und das andere tun kann", erklärte ein Delegierter der Kolonne auf dem Kongreß der CNT, der im November 1936 den Eintritt in die Regierung abzusegnen hatte. Für wen, wenn nicht für sie, diese „Verdammten der Erde", war die Revolution gemacht? Die Tränen der Ministerin Montseny müssen bitter geschmeckt haben, als ihr diese Genossen erklärten, sie sei eine Verräterin an den Idealen des Anarchismus. Die uralte Frage, ob eine soziale Bewegung in dem Augenblick, in dem sie an der Macht teilnimmt, die sie bis dahin bekämpft hat, ihre Ideale so verfälscht, daß der Kampf für sie zur Lüge wird – am Beispiel der spanischen Anarchisten und der „Eisernen Kolonne" läßt sie sich neu diskutieren. Der Verfasser des Pamphlets, das den Titel „Einspruch gegen die Kapitulationen von 1937" trägt, zielt in seiner Argumentation gegen die Militarisierung der Revolution. und gegen die Disziplinierung des Kriegs genau in den Kern der Sache,

7.

Es gibt umfangreichere Bücher über den spanischen Bürgerkrieg und die proletarische und libertäre Revolution; es gibt historisch abgeklärtere, politisch austariertere und sicher auch gewichtigere als dieses Bändchen mit dem spanischen Originaltext und der deutschen Übersetzung, zusammen 55 schmale Seiten: doch 45 Jahre nach der Revolution wird es vielleicht wieder Zeit, sich an das zu erinnern, was die Männer in den Schützengräben schmeckten, fühlten und wofür sie krepierten. Daß die Revolution kein Kaffeekränzchen ist, brauchte den Anarchisten nie ein Mao zu erzählen (auf dessen Konto die Liquidierung der bedeutenden chinesischen Anarchisten-Bewegung geht); aus den paar Seiten dieses Bändchens läßt sich deutlicher herausspüren als aus tausend Seiten Theorie, warum die libertäre Revolution einmal Massen begeisterte – und warum sie gescheitert ist.

versah deren Texte pseudonym mit einem Vorwort, was dazu beigetragen haben soll, daß die Inhaftierten wieder freigelassen wurden. Die Rechte wurden mir großzügigerweise umsonst überlassen, und zwar von Gérard Lebovici, dem berühmten Verleger der Pariser *Edition Champ Libre*, der als Filmproduzent einer der reichsten Männer Frankreichs war, eine schillernde Figur, die 1984 in einer Tiefgarage erschossen wurde. Die Täter wurden bis heute nicht gefaßt.

Meine Methode, die Bücher unter die Leute zu bringen, war denkbar einfach und naiv. Es gab damals eine rote Plastiktüte mit dem Konterfei von Marx und auf der Rückseite standen die Adressen des linken Buchhandels in Deutschland. Denen schickte ich einfach die Bücher mit Rechnung zu und hoffte, daß sie auch zahlen würden. Die meisten taten es und ermöglichten es mir, neue Bücher zu produzieren. Ich war sogar mal quer durch Deutschland gedüst und habe meine Werke im einschlägigen Buchhandel untergebracht. Langsam entstand der eine oder andere Kontakt, Buchhandlungen fingen an zu bestellen. Alles, was reinkam, wurde sofort in neue Projekte gesteckt.

Als ich Anfang 1982 nach Berlin zog, konnte ich die erste aufwendige Publikation über die Bühne bringen. Die Schriften von Jacques Rigaut, ein Vergessener der Pariser Dadaisten-Bewegung mit dem kurzen und einprägsamen Titel »Suizid«,

Mit Wolfgang Pohrt 1994 auf der Buchmesse

der sich am besten in Wien verkaufte. Uli Becker, der einzige, der sich für jedes Buch, das ich ihm schicke, mit einem Kärtchen oder kleinen Brief bedankt, weshalb ich ihm fast alles aus dem Verlag zukommen lasse, hatte 1983 vom *Spiegel*-Redakteur Christian Schultz-Gerstein den Auftrag, Jacques Rigaut zu besprechen. Aber da er es nicht schaffte, war es nichts mit dem großen Durchbruch.

1983 nahm ich meinen ganzen Mut zusammen und schrieb Wolfgang Pohrt, der zwei grandiose Bücher bei *Rotbuch* gemacht hatte und dessen Artikel ich in den unterschiedlichsten Zeitungen aufspürte und verschlang. Ich fragte ihn, ob er nicht Lust hätte, bei mir zu veröffentlichen. Pohrt war zu meiner Überraschung sofort einverstanden und schickte mir auch sogleich einige Rundfunkbeiträge über Balzac. Im Frühjahr 84 erschienen deshalb gleich zwei Pohrt-Bücher und sonst nichts. Der Aufsatzband »Kreisverkehr, Wendepunkt« verkaufte sich für meine Verhältnisse wie geschnitten Brot, und da Pohrt im selben Jahr bei *Konkret* Kulturredakteur war und fast das ganze Heft vollschrieb, gab es im Herbst 84 gleich noch einen zweiten Aufsatzband. Ein bißchen viel für heutige Verhältnisse, aber Marktgesetze waren mir damals schnuppe, solange mir gefiel, was ich verlegte. Über Wolfgang Pohrt lernte ich Eike Geisel kennen, von dem ich ebenfalls ein Buch verlegte. »Wolfgang Pohrt and Eike Geisel may well be the two most effective polemical essayists on the contemporary West German scene«, hatte Saul Friedländer geschrieben, und bei mir veröffentlichten sie nun.

Mit »Zeitgeist, Geisterzeit«, einem neuen Titel von Pohrt, und der »Abhandlung über den Stil«, einer furiosen Polemik von Louis Aragon gegen den zeitgenössischen Kulturbetrieb, ein Buch, in dem die hohe Kunst der üblen Beleidigung gepflegt wurde, ging ich 1986 in die Offensive. Es handelte sich um eine ganz frühe Schrift Aragons, und als er dann prominent wurde und zu den Kommunisten konvertierte, war ihm das Pamphlet peinlich. Erst als der Rundumschlag 1968 in Paris geraubdruckt wurde, kam die Schrift bei Gallimard vierzig Jahre nach der Erstauflage wieder in den Handel.

Im Frühjahr 1987 folgte dann »Die alten Straßenverkehrsordnung« mit zwei »Gründungsdokumenten« der RAF, kommentiert u.a. von Wolfgang Pohrt, Gabriele Goettle und –

ich gebe es zu – Klaus Hartung, der bei der *taz* und dann bei der *Zeit* erfolgreich Sprachschwurbel betrieb. Dieser Band lief wie geschmiert und ist bis heute einer der erfolgreichsten Titel des Verlags. Allerdings warf er gewisse Probleme auf, denn ich wollte die Auflage des Buches weder beim Vertrieb noch bei mir zwischenlagern, um sie nicht unnötig dem neugierigen Zugriff der Behörden auszusetzen, und das bedeutete eine elende Schlepperei in den dritten Stock einer unverdächtigen Wohnung. Die Vorsichtsmaßnahme erwies sich als überflüssig, das Interesse an dem Buch war rein theoretischer Natur. Mit Elke Schubert erstellte ich einen Interview-Band des in Wien lebenden Philosophen Günther Anders, der damals durch die Debatte über die sogenannte »Gewaltfrage« wieder kurzzeitig ins Licht der feuilletonistischen Öffentlichkeit geraten war. Das Buch liest sich noch heute als eine ausgezeichnete Einleitung in das Gesamtwerk von Günther Anders.

Christian Schultz-Gerstein

Im März 1987 war Christian Schultz-Gerstein an einer Überdosis Alkohol gestorben. Mit Wolfgang Pohrt traf ich eine Auswahl seiner Artikel, die unter dem Titel »Der rasende Mitläufer« erschien. »Selbst Mumien sprühen noch Funken, weil ein Schultz-Gerstein sich an ihnen rieb«, schrieb Wolfgang Pohrt in seinem Nachruf. Mumien wie beispielsweise Botho Strauß und Wolf Biermann, die, würde Kritik etwas bewirken, nie wieder Papp hätten sagen können.

Auf Anregung Eike Geisels, bzw. eigentlich Hannah Arendts, für die es sich um die beste Reportage über den Eichmann-Prozeß handelte, erschien im Herbst 1987 außerdem Harry Mulischs »Strafsache 40/61«. Das Buch war 1963 zur ersten Mal bei *DuMont* erschienen und seither vergriffen. Christoph Buchwald von *Hanser*, Mulischs deutschsprachigem Verlag, gab mir einen großartigen Tip: Die Rechte an der Übersetzung seien verjährt. Das hörte ich gern, bescherte mir nach Erscheinen dann allerdings peinliche zehn Minuten, als sich *DuMont* bei mir verwundert meldete und meine Ausrede sich eher fadenscheinig anhörte. Aber damals war man noch nett zueinander. *DuMont* drückte beide Augen zu und auch *Hanser* zeigte sich großzügig. Erst als das Buch schon verramscht war, schickte man mir einen Vertrag zu, in dem man mich generös an einer Taschenbuchlizenz beteiligte, die bereits an *Reclam* verkauft war. Und seither habe ich *Hanser* sehr lieb. Und auch den Niederländischen Kulturfonds fand ich nett, denn der unterstützte die Übersetzung, für die ich nie was bezahlt hatte. Das waren noch schöne Zeiten.

Ich wurde ambitioniert. Mir schwebte ein »Jahrbuch für gesellschaftskritische Umtriebe« vor mit dem von Adorno inspirierten Titel »Eingriffe«, was sich aber, wie Pohrt einmal spöttelte, eher nach Zahnarzt anhörte. Mit Beiträgen von Hannah Arendt, Enzensberger, Broder, Geisel, Mulisch, Uli Becker u.a. setzte ich den Plan in die Tat um. Jeder Artikel ein Juwel, nur hatte das Ganze kein Konzept. Vorbestellt war das Büchlein prima, aber Nachbezüge Null. Irgendwann stapelte ich den Rest auf der Buchmesse zu einem imposanten Haufen und verschenkte es an die fleißigen Prospektesammler, die mit Hackenporsche und Tunnelblick durch die Gänge schlurften.

Ebenfalls 1987 gab mir Wolfgang Pohrt den Tip, »Die Technik des Staatsstreichs« von Curzio Malaparte herauszubringen in der vagen Annahme, die enttäuschten Hoffnungen der Friedensbewegung und die sich ins nichts auflösende Endzeitstimmung könnten ein Bedürfnis nach etwas Handfestem geweckt haben. Dem war aber nicht so und deshalb kümmert »Das Traktat über die Kunst der Verteidigung der Freiheit« noch heute in meinem Buchlager herum, statt wie in den Dreißigern Furore zu machen, als es von Trotzki beschimpft, von Hitler verbrannt und von Mussolini verboten wurde.

1988 war sehr flau, und das änderte sich auch nicht, als ich ein Buch von Lothar Baier herausgab, der u.a. über den Barbie-Prozeß in Lyon berichtete. Lothar Baier, auch ein Fixstern in meinem Koordinatensystem und ein extrem sympathischer und integrer Mensch, beging 2004 in Montreal Selbstmord. Und dann kam mein erstes selber geschriebenes Buch heraus, »Das

Lothar Baier

Sterben der Phantome«, fünf Aufsätze über vergessene, aber dennoch spektakuläre Biographien. Es sah gut aus, lag gut in der Hand, und es gibt Leute, die behaupten, von den sieben Büchern, die ich bislang geschrieben habe, sei das das beste.

Die Umsätze ließ es jedoch nicht gerade in die Höhe schnellen. Ich mußte mir dringend etwas einfallen lassen. Und dank Eike Geisel gelang das auch: Er übersetzte verstreute und noch nie auf deutsch publizierte Aufsätze von Hannah Arendt. 1989 erschien als erster Band »Nach Auschwitz«, dessen Lektüre, ohne zu übertreiben, das Studium vieler Regalmeter Bücher über die Funktionsweise des Nationalsozialismus ersparte. Ein halbes Jahr später kam der 2. Band »Die Krise des Zionismus«, zu dem Henryk Broder ein Nachwort beisteuerte. Als *Piper*, der Verlag Hannah Arendts, die beiden Bücher und die nicht ganz unbeträchtliche Resonanz darauf registrierte, dürfte man in der Münchner Georgenstraße ganz schön mit den Zähnen geknirscht haben: Man hatte zuvor das Angebot Eike Geisels abgelehnt.

Wolfgang Pohrt lieferte 1989 seinen 4. und letzten Essay-Band ab, »Ein Hauch von Nerz«. Grund: Geschäftsaufgabe. In einer Zeit, in der die Protestbewegung mit ihren friedensbewegten Ausläufern die nationale Frage auf die Tagesordnung setzte und die Rechte ins Berliner Abgeordnetenhaus einzog, wurde Polemik obsolet, die Linke war höchstens noch Gegenstand einer anthropologischen Betrachtung. Pohrt machte weiter mit einer von Reemtsma finanzierten Studie, in der er in drei Bänden die »Elemente des Massenbewußtseins der Deutschen« untersuchte, die sich vor allem seit der Wiedervereinigung erheblich verändert hatten.

Süddeutsche Zeitung Dienstag, 30. Januar 1990

Gegen die Pharisäer und Phrasendrescher

Wolfgang Pohrts Kommentare in sprachlicher Meisterlichkeit

WOLFGANG POHRT: *Ein Hauch von Nerz. Kommentare zur chronischen Krise (Edition Tiamat, Berlin), 198 Seiten, 26 Mark.*

Im ersten Satz dieses Buches verabschiedet sich der Autor. „Im Frühjahr 1990", schreibt Wolfgang Pohrt im Vorwort zu seinem jüngsten Essay-Band, „würde sich der Tag, an dem die erste meiner Artikelsammlungen erschien, zum zehnten Mal jähren. Das unaufhaltsam näherrükkende Jubiläum war der letzte Anstoß zur Aufgabe einer Tätigkeit, die eine schlechte Gewohnheit zu werden drohte."

Pohrts „schlechte Gewohnheit" hat der Republik, einem Hort der Gremien- und Gruppenkultur, im vergangenen Jahrzehnt immer wieder ein unersetzliches Alibi verschafft. In einem Land, wo mit dem Etikett „Querdenker" unweigerlich jene im anderen Lager geschmückt werden, die sich im öligen Einklang mit den eigenen ideologischen Vorurteilen befinden, ist Pohrt einer der ganz wenigen (mit Eike Geisel und dem verstorbenen Christian Schultz-Gerstein), die tatsächlich quer- und gegengedacht haben.

In den Sammlungen *Ausverkauf: Von der Endlösung zu ihrer Alternative* (1980), *Endstation: Über die Wiedergeburt der Nation* (1982), *Stammesbewußtsein, Kulturnation* (1984), *Kreisverkehr, Wendepunkt* (1984) und *Zeitgeist, Geisterzeit* (1986) hat Pohrt funkelnde Marksteine in die Landschaft des Block-Konformismus gesetzt: mit boshaft zugeschliffenem Witz, der ohne Rücksicht auf die unabgesprochenen Sprachregelungen das scheinbar Tiefsinnige als Gefasel im Gewande der marktgängigen Gesinnung entlarvt.

Ein Zögling der „Frankfurter Schule" und superber Marx-Kenner, hat sich Pohrt dem wissenschaftlichen Bürokratismus früh entzogen und eine eigene, brillant-pointierte Sprache entwickelt. Ein 68er, der mit einer Arbeit über den Gebrauchswert bei Marx promovierte, hat Pohrt die selbstgewählte Berufsbezeichnung „Ideologiekritiker" so ernst genommen, daß der eigenen Klientel schnell der Applaus verging (Ausnahmen: *konkret* und *taz*, die ihn trotzdem regelmäßig publizierten).

Lange bevor die „Promis" in die RAF-Amnestiedebatte einstiegen, hatte Pohrt sie eröffnet. Doch gehören zu seinen Zielscheiben eben nicht nur Spätgeborene, Späth und Gauweiler, sondern Friedensfreunde, evangelische Theologen wie die „Atom-Kassandra" Dorothee Sölle oder Grüne wie die „auf die Rolle der verfolgenden Unschuld abonnierte" Jutta Dittfurth. Wenn er in „Nationalismus am Ende", einem Essay über den Historikerstreit, die Herren Nolte, Hillgruber & Co. mit ironischer Pointe aufspießt, wird auch der Adornit Jürgen Habermas nicht verschont. „Viel näher noch", schreibt Pohrt, „ist Habermas seinen Gegnern, wenn er... zum Mittel der Sprachkosmetik greift und der Massenmord sich plötzlich in ‚eine unvergleichliche Versehrung der Substanz menschlicher Zusammengehörigkeit' verwandelt, so als habe man in Auschwitz ein philosophisches Prinzip ruiniert und nicht Menschen umgebracht." Auch ist ihm nicht entgangen, daß Rudolf Augstein zwar im Historikerstreit „gegen den ‚konstitutionellen Nazi' polemisiert und doch selbst 1982 wie ein chauvinistischer Demagoge fragte: ‚Soll es denn gar keine deutsch-nationalen Interessen mehr geben, sondern nur die Interessen von US-Amerikanern, Engländern, Franzosen...?'"

Cohn-Bendit und Walraff, Gruftis und Gurus, Ex-RAFers und neue Nationalisten werden an diesen Essays keine Freude gehabt haben. Doch für Liebhaber von Karl Kraus und Ambrose Bierce, für Feinde der hohlen Phrase und des gedrechselten Klischees ist das Buch ein reines, wenn auch anstrengendes Vergnügen. Pohrt paßt in keine Schablone; was Wunder, daß der außerhalb jeder Gruppenzusammengehörigkeit agierende Publizist und Literaturkritiker weder Preise in Klagenfurt abschleppt, noch neben den Gefälligkeitsdenkern und Zeitgeist-Reitern auf Bestseller-Listen erscheint. Wer die Ideologiekritik wie Pohrt nicht bloß als Einweg-Waffe nutzt, der läuft Gefahr, zwischen allen Stühlen erschossen zu werden.

Mag sein, daß Pohrt deshalb endgültig umschulen will. Was aber macht überhaupt ein Ideologiekritiker? Er entlarvt das kalte Eigeninteresse hinter scheinbar universal-gültigen Zielen und deckt dabei die unvermeidlichen Widersprüche zwischen Ideal und Interesse, zwischen Wunsch und Konsequenz auf. Pohrt nennt folgendes Beispiel: „‚Die Friedensfreunde verlangen um des Weltfriedens willen nach nationaler Souveränität für die Deutschen, der Ideologiekritiker erinnert daran, daß nationale Souveränität im allgemeinen und die der Deutschen, besonders nach den Regeln der Erfahrung wie der Logik, nur einen neuen Krieg zum Resultat haben kann."

Seine „schlechte Gewohnheit" will Pohrt vor allem aufgeben, weil inzwischen für die „Ideologiekritik wieder einmal der Zeitpunkt gekommen ist, wo sie im Bewußtsein, es besser gewußt und dennoch nichts bewirkt zu haben, getrost abdanken kann." Da tut Pohrt sich selbst und seinem Beruf schnödes Unrecht an. Philosophie und Ideologiekritik sind nicht vergeblich, weil sie die Leute nicht zu bessern vermögen. Dazu sind Pfarrer und Bewährungshelfer da. Die vorrangige Aufgabe ist es, das *Denken* zu verbessern, einen Standard hochzuhalten, der den Gedanken von der Verwirrung trennt, die Hohlräume in den Köpfen aufdeckt, die Pharisäer entlarvt und die Phrasendrescher ernüchtert.

Ideologiekritik ist ein ewiger Kampf, weil die Menschen nie aufhören werden, Ideologien zusammenzuzimmern – mithin, sich selbst und andere zu belügen. Deshalb gilt es Pohrt für die vergangenen zehn Jahre zu preisen – und ihn gnadenlos zu beschimpfen, wenn er die Drohung der Geschäftsaufgabe tatsächlich wahr macht.

JOSEF JOFFE

Ebenfalls 1989 erschien »Die Weltrevolution in 365 Tagen«, einem vom belgischen Surrealisten Marcel Mariën 1958 entworfenen Szenario, in dem eine Umwälzung nicht mit den üblichen kommunistischen Mitteln hervorgerufen werden sollte, sondern durch moderne Techniken der Propaganda und Werbung. Damals ein Gedankenspiel, heute Realität, seit der Börsenspekulant Soros ganze Länder destabilisieren kann. Es war das erste Buch des Verlags, das groß in der *FAZ* besprochen wurde, aber die Leser konnten offensichtlich nichts damit anfangen. Niemand fühlte sich animiert, das Buch zu kaufen.

1990 machte ich wieder eine großartige Entdeckung. Ich las in *Konkret* eine präzise Demontage des von allen verehrten Richard von Weizsäcker. Autor: Roger Willemsen. Ich fand seine Telefonnummer in London heraus und rief ihn an. Ich wollte – na was wohl? – ein Buch von ihm. Er kam nach Berlin, beguckte mich, was für ein komischer Vogel ich sei, und nachdem ich den Test bestanden hatte, sagte er zu. »Kopf oder Adler. Ermittlungen gegen Deutschland« machte Furore, obwohl Willemsen damals noch nicht fernsehbekannt war. Aber auch als er es dann war, beteiligte er sich immer wieder an Anthologien und brachte später seine journalistischen Arbeiten unter dem Titel »Bild dir meine Meinung« bei seinem »Lieblingsverleger« heraus. Jetzt ist er Bestsellerautor bei *Eichborn* und *S. Fischer*, ein echter Fortschritt nach seiner Fernsehkarriere.

Darüber hinaus hatte ich die Schnapsidee, den chronisch am finanziellen Abgrund entlang schrappenden Verlag zu sanieren und dachte mir eine »roman noir«-Reihe aus. Krimis waren damals groß im Kommen, bzw. schon wieder im Gehen. *Rotbuch* und die miesen Frauenkrimis des *Argument Verlags* hatten großen Erfolg, und von diesem Kuchen wollte ich ein Stück abhaben. Die Sache wurde ein totaler Flop, denn im Gegensatz zu meiner Annahme, Krimis würden nicht veralten, wären also ausgezeichnete Backlist-Titel, hatten sie genau wie alle anderen Titel ein saisonales Verfallsdatum von sechs Monaten. Am Ende hatte ich Glück, daß ich nicht pleite ging, obwohl sich unter den insgesamt zehn Titeln z.B. die grandiosen Krimis von Edgar Box alias Gore Vidal befanden.

Vor ein paar Jahren traf ich ihn auf der Buchmesse am *Spiegel*-Stand, wo er aus seinem Leben plauderte. Und ich dachte, ach, ist ja mal eine Gelegenheit, mich vorzustellen, aber nachdem ich ihm gesagt hatte, ich sei der deutsche Verleger seiner Krimis, guckte er mich nur verständnislos an und ich schlich betröppelt von dannen. Immerhin inspirierten mich seine Krimis, selbst einmal eine Krimi-Trilogie zu versuchen, die auf Empfehlung von Matthias Matussek (auch ein Tiamat-Autor, mit dem sich wunderbar über die Stasi streiten ließ, der er den persönlichen Kampf angesagt hatte) bei *Rasch & Röhring* erschien. Kurz nachdem der dritte Krimi ausgeliefert worden war, gab der *R&R-Verlag* seinen Geist auf.

Mit der Wiedervereinigung setzte eine gesellschaftliche Gärung ein. Nach Themen mußte man in dieser Zeit nicht fahnden. In der Linken hegte man damals die Befürchtung, die BRD würde durch die Einverleibung der Zone nicht nur wirtschaftlich zulegen, sondern sich politisch wieder zu einer Großmacht mausern, die sich üblen hegemonialen Bestrebungen hingebe. Ein Irrglaube, wie man später einsehen mußte, den aber schon im Frühjahr 1991 Robert Kurz in seiner ökonomischen Analyse »Honeckers Rache« offenlegte. Kaum hatte ich mit ihm das Buch vereinbart, hatte ich ratzfatz das fertige Manuskript, an dem kein Komma verändert werden mußte. Es war perfekt. Heute ist das leider anders: Auf das 1997 angekündigte Buch über die Globalisierung der Krise warte ich heute noch. Das ist Rekord. Noch ein paar Jahre, und es ist schon wieder ein zehnjähriges Jubiläum fällig. Nach unserem ersten Kontakt bot mir Kurz den »Kollaps der Modernisierung« an. Ich lehnte ab, weil ich wußte, daß dieser Wälzer bei mir nicht genügend Beachtung finden würde, weshalb ich ihm riet, das bereits fertige Manuskript an Enzensberger zu schicken, was er auch tat. In der Anderen Bibliothek wurde der »Kollaps« ein riesiger Erfolg.

Dafür profitierte ich wiederum bei Gabriele Goettles Büchlein »Freibank« im Herbst 1991 von *Eichborn*, denn es erschien im Windschatten ihres ersten Reportage-Bandes, das zusammen mit »Freibank« als Aufmacher in der *FAZ*-Buchmessenbeilage von Frank Schirrmacher in den Himmel gelobt wurde. Allerdings war die Freude darüber nicht ungetrübt. Am 2. Tag der Messe kam der TB-Chef Herr Balk von *dtv* an meinem Stand vorbei und machte mir ein Angebot, das ich nicht ablehnen konnte. 20.000.- kritzelte er auf seine Visitenkarte. Aber es wurde nichts draus. Ich weiß nicht, was Herr Balk *Eichborn* geboten hatte, aber da dachte man wohl, daß sich aus dem plötzlichen Ruhm mehr herausholen ließe. Und da für *dtv* natürlich nur beide Bände im Paket interessant waren, blieb es bei der schönen Zahl. Und ich schätze, auch *Eichborn* dürfte sich später grün und blau geärgert haben, denn Gabriele Goettle dachte gar nicht daran, durch die Talkshows zu tingeln und Interviews zu geben, weshalb der Ruhm schnell wieder verblaßte und die Garantiesumme fürs Taschenbuch nicht gerade gestiegen sein dürfte.

1991 war auch das Jahr des Golfkriegs und das Wiedererwachen der »edlen Seelen« der Friedensbewegung. Broder und Geisel, mit denen ich damals häufig zusammen war, um die neuesten Storys und Ereignisse durchzukauen, halfen mir bei den »Liebesgrüßen aus Bagdad«, in dem wir Argumente gegen Saddams Überfall auf Kuwait sammelten und vor allem aus Gründen der Drohung des Diktators, Israel mit giftgasbestückten Scudraketen anzugreifen, für die Amerikaner eine Lanze brachen. Gegen die Friedensbewegung wurde auch polemisiert, weil die so tat, als würden die Amerikaner Bomben über Kreuzberg abwerfen. Enzensberger war mit seinem umstrittenen Essay vertreten, der, egal was man von ihm hielt, zumindest originell und gut begründet war, außerdem Henryk Broder, Eike Geisel, Cora Stephan, Jörg Friedrich, Amos Oz, Ralph Giordano u.a. Gern hätte ich auch Wiglaf Droste gewonnen. Er lebte damals als *Titanic*-Redakteur in Frankfurt und ich telefonierte manchmal stundenlang mit ihm, aber ihn störte, daß die Kritik der Friedensbewegung in der Öffentlichkeit als Entlastung für Georg Bush interpretiert werden könnte. Und er hatte recht. Die Ablehnung war erstaunlich, und als Broders Artikel auf Intervention von Karasek im *Spiegel* erschien, boten die Gegner in der Redaktion gleich drei Kandidaten auf – und das war und ist bis heute wirklich einzigartig –, die sich wie Schwarzer und Ströbele um Kopf und Kragen schreiben durften.

Ende 1991 fragte ich Jan Philipp Reemtsma, ob ich seine meist in *Konkret* abgedruckten Texte in einem Buch bündeln dürfte. Ich durfte. In seinem Hamburger Büro an der Binnenalster machten wir die Sache perfekt. Alles sehr gediegen. Und so wurde auch das Buch: Gebunden mit Schutzumschlag. Und weil es das erste Buch in dieser Ausstattung bei Tiamat war,

Gerd Henschel mit viel Fieses

dachte ich, es würde nicht in die Paperback-Reihe Critica Diabolis passen, aber das war Quatsch, denn inhaltlich hätte sich die Reihe mit diesem Band schmücken können, abgesehen davon, daß später noch viele gebundene Bücher erschienen.

Im Herbst 1992 hatte ich dann eine schlimme Collagenphase, jedenfalls schnibbelte und klebte ich für neue Bücher von Pohrt, Geisel, Kurz und Gerd Henschel fürchterliche Titelbilder. Henschel hatte einen sehr lustigen Artikel über die nervige Schwerter-zu-Pflugscharen-Opposition in der DDR verfaßt, und er ließ sich nicht zweimal bitten, bei mir mit »Menschlich viel Fieses« die extended version in schmaler Buchform zu veröffentlichen. Henschel war zu der Zeit noch bienenfleißiger als heute, wo er dicke Wälzer über seine Kindheit bei *HoCa* schreibt. Damals veröffentlichte er gerüchteweise bis zu 20 Bücher im Jahr und tausende von Artikeln in den unterschiedlichsten Zeitungen, im betulichen *Merkur* genauso wie in der *FAZ* und der *Titanic*, wo man ihn dann klugerweise als Redakteur einstellte, um Autorenhonorare zu sparen, denn Henschel konnte locker unter Zuhilfenahme einiger Pseudonyme ein ganzes Heft vollschreiben. Mit diesem Buch öffnete sich der Verlag für etwas, das fälschlicherweise für Satire gehalten wird, vielmehr aber hemmungslos überzogene und spöttische Kritik ist, darauf aus, den Gegenstand nicht nur zu desavouieren, sondern auch lächerlich zu machen. Da jede ernsthafte Kritik höchstens goutiert, eher aber ignoriert wird, dachte ich, daß man die Leute wenigstens etwas ärgern könnte. Und das gelang dann auch. Die Menschenrechtler waren menschlich schwer enttäuscht.

Eine weitere Gelegenheit zum Ärgern ergab sich im Frühjahr 1993 mit der Anthologie »Der rasende Mob. Die Zonis zwischen Selbstmitleid und Barbarei«, eine Reaktion auf Hoyerswerda, auf Rostock, auf die weinerliche Tour der DDRler, die sich über den Tisch gezogen fühlten, nachdem ihnen der Anschluß gar nicht schnell genug gehen konnte. Pohrt hatte in »Das Jahr danach« mit seiner Analyse der Zonis und ihren rechtsradikalen Neigungen die Vorlage geliefert. »Der rasende Mob« spielte bewußt mit den wachsenden Ressentiments im Westen und lieferte gute Argumente, um Zwietracht zwischen den Brüdern und Schwestern zu säen. Ein *ard*-Team kam zu mir in die Grimmstraße, um mich für Wickerts *Tagesthemen* zu interviewen. Vor Aufregung brachte ich keinen vernünftigen Satz zustande, dennoch schaffte es der Redakteur, etwas in den dreiminütigen Kurzbericht hineinzuschneiden. Seitdem kann ich behaupten: Ich war schon mal in den *Tagesthemen*. Und der Kommentar des Redakteurs Jörg Sadrozinski war eine ausgezeichnete Werbung: »Das Buch ist verletzend, einseitig und ungerecht... Eine gelungene Provokation. Das Buch hat gute Chancen, die Bibel des Besserwessis zu werden. Motzki auf 144 Seiten.« Es war das erste »Zonenbashing-Buch«, von dem später noch einige erscheinen sollten. Die Resonanz war beträchtlich. Der Bundespräsidentenkandidat Jens Reich schäumte. Er hatte verstanden, daß das Buch tatsächlich so gemeint war, während man im Westen das Buch fälschlicherweise für Satire hielt.

Ich war schon längere Zeit begeistert von den Reportagen von Jane Kramer, die für den *New Yorker* aus Europa berichtete. Vor allem ihre »Briefe« aus Deutschland waren von einer sehr subtilen Ironie, manchmal schön sarkastisch. Ich hatte auch ihren 500-Seiten-Wälzer »Europeans« gelesen, ihre Arbeiten aus den siebziger und achtziger Jahren. Gerne hätte ich eine Auswahl gemacht, aber ich wußte, es würde ein Flop werden. Also brachte ich ihren damals gerade im *New Yorker* veröffentlichten langen Bericht über die Prenzlauer Bergszene. Kurze Zeit später erschien eine Auswahl ihrer Aufsätze in der Anderen Bibliothek und Jane Kramer erhielt den europäischen Essay-Preis »Charles Veillon«. Die Resonanz war umwerfend. Vom *Eichborn*-Band gab es eine Erfolgsausgabe, bei Tiamat nicht. »Eine Amerikanerin in Berlin« war allerdings auch nur ein schmales Paperback. Aber auch als ich drei Jahre später eine schöne gebundene Ausgabe mit Kramers Deutschland-

Klein, gelb und giftig

Die Wessi-Fibel über den Ossi als solchen, rezensiert von Jens Reich

Vorn auf dem Umschlag prangt das Foto eines vermutlich betrunkenen Ossis mittleren Alters, Harald Ewert geheißen, die Hand zum Hitlergruß gereckt, der helle Pulli mit Deutschland-Insignien, die Jogginghose im Schritt eingefärbt, offenbar bepinkelt. »Der rasende Mob« – unter diesem Titel und mit der Unterzeile »Die Ossis zwischen Selbstmitleid und Barbarei« erschien ein gelbes Büchlein von 142 Seiten, eine Anthologie von elf Artikeln, Glossen und Reportagen. Auf der hinteren Umschlagseite steht ein Text: »Die Ossis sprechen nicht nur eine andere Sprache, sie haben auch eine grundlegend andere Auffassung von dem, was im Westen unter dem Begriff Zivilisation verstanden wird. Ausländer mag man im Osten nicht, auch wenn sie mit einer statistischen Wahrscheinlichkeit von nur einem Prozent auftauchen. Und weil man sie nicht mag, weil dieses eine Prozent den restlichen 99 Prozent angeblich die Arbeitsplätze und die Wohnungen wegnimmt, zündet man sie unter allgemeinem Beifall eben an und schlägt sie tot, ohne etwas dabei zu finden. Der Erfolg ist durchschlagend: Kein Ausländer traut sich mehr im Osten nach Einbruch der Dunkelheit auf die Straße. Wird da der Wunsch eines Schülers nach der guten, alten Mauer, ›am besten zwanzig Meter hoch, Stacheldraht drum herum und auf der Mauer und unter Starkstrom setzen‹, nicht geradezu verständlich?«

Zwischen vorderer und hinterer Umschlagseite geht es auch sonst kräftig zu, teils unappetitlich (»Selbst der Mops mit Fotzenbart Lutz Rathenow wird irgendwann nicht mehr an seiner Nützlicher-Idiot-Gesinnung, sondern an der erbärmlichen Qualität seiner Texte gemessen werden.«), teils gewalttätig (»Klingelt ein Befürworter der Deutschen Einheit an deiner Tür und bittet um Speise, Trank oder auch nur darum, seine Notdurft verrichten zu dürfen – dann gibt's nur eins: Sag nein! ... Was immer er von dir will, verweigere es, wenn es ihm übel ergeht, verspotte ihn noch, und vor allem: Hetze ihn auf seinesgleichen ... Und wenn sie sich dann gegenseitig umbringen statt anderer – denn ohne Umbringen können sie nicht leben –, dann stelle eine Kerze ins Fenster für die deutschen Brüder und Schwestern.«)

Als Satire kann ich das auch bei längerem Nachdenken nicht mehr hinnehmen und möchte auf das Weiterlesen verzichten, das Büchlein in hohem Bogen in den Papierkorb werfen und eine Rezension ablehnen.

Dann lese ich es doch zu Ende, grüble darüber und finde doch noch einige Artikel und Passagen, die nachdenkenswert sind. Vor allem habe ich Fragen an die Autorin und die Autoren, Gabriele Goettle, Henryk M. Broder, Roger Willemsen, Gerhard Henschel, Wiglaf Droste, Christian Schmidt, Peter Schneider (nicht der Berliner Romanschriftsteller, sondern der Züricher Psychoanalytiker und Redakteur), Klaus Bittermann, Michael Kröher. Von einigen habe ich nichts anderes erwartet, andere sind mir mit besseren Artikeln oder aus besserer Gesellschaft bekannt.

Foto: Jürgen Siegmann/Signum

Was viele Westdeutsche über uns denken, wie verzerrt sie uns sehen, erfährt man nicht im direkten Umgang mit ihnen.

Das Buch ist in drei Teile gegliedert: Reportagen, Porträts, Tiraden & Glossen. Die Rede geht gegen die Ossis als solche, Ossis als Mob, Ossis als Spießer und Ossis als jammervolle Intellektuelle. Letztere – wie Wolfgang Thierse, Hans-Joachim Maaz und Manfred Stolpe – werden stellvertretend für alle Ossi-Intellektuellen mit Collagen aus eigenen Äußerungen abgebildet. Das ist an einigen Stellen witzig gemacht, und ich werde die Betroffenen nicht verteidigen. Wir Ost-Intellektuellen, die alten wie die neuen, sind überschätzt und über Gebühr gelobt worden, und das satirische Porträt hilft mit, das Gleichgewicht wieder herzustellen.

Mit den Ossis als rasendem Mob und den Ossis als zurückgebliebenen Spießern ist die Sache zwiespältiger. Es trifft zu, daß in Hoyerswerda und Rostock der Mob Feuer legte und die Spießer auf dem Balkon standen und Beifall klatschten. Die Vorfälle sind eine Schande, und jeder Rechtfertigungs- oder Erklärungsversuch geht in die Nähe von Entschuldigung. Für ein Pogrom gibt es keine Entschuldigung.

Ärgerlich ist allerdings, wenn einige Autoren die Vorfälle und ihren sozialen Hintergrund zu einem Brei verrühren und »den Ossis« kollektiv ans Hemd schmieren. Ärgerlich ist der penetrant westdeutsche Hochmut. Hünxe und Mölln liegen schließlich im Westen, und dort auch gibt es seit Jahrzehnten die »Asylproblematik«, die Nationalfaschisten, die Wehrsportgruppen und rechtsextreme Parteien mit einer Wählerschaft, die in die Hunderttausende geht. Bei den Kommunalwahlen 1992 erreichten die Republikaner in Westberlin (dem Wohnsitz der meisten Autoren des gelben Büchleins) einen doppelt so hohen Stimmenanteil wie in Ostberlin.

An zahlreichen Details geben die Autoren zu erkennen, daß sie den Osten nur oberflächlich kennen. Einer berichtet von einer achttägigen »Inspektion« im Beitrittsgebiet. Kröher erwähnt, daß ein besonderes Privileg des Westbesuchers in der DDR darin bestand, daß er soviel Benzin kaufen konnte, wie er bezahlen wollte, als ob Benzin für den DDRler rationiert gewesen wäre. Henryk M. Broder argumentiert, daß normalerweise echter Kaffee und anständige Zahnpasta nicht zu bekommen waren. Roger Willemsen zitiert »Fidschis«, »Kanaken«, »Polaken«, »Kümmeltürken« und »Kroppzeug« als ostdeutsche »Konsensvokabeln« – er sollte sich etymologisch informieren: Nur »Fidschis« ist DDR-Erfindung. Schon zahlreiche Einzelheiten hängen also schief oder sind falsch – wie soll da die Kollektivverurteilung der Ossis zutreffen?

Die besseren Artikel enthalten sich der primitiven Ossibeschimpfung und konzentrieren sich auf die kulturellen Reibungen zwischen Ost und West als Auslöser der psychosozialen Krise. Sehr präzis ist das in Roger Willemsens Artikel beschrieben. Gabriele Goettles Reportage dokumentiert, wie nahe ganz unbefangene und unaggressive Äußerungen von Gesprächspartnern an Rassismus und Fremdenhaß grenzen und in ihn übergehen, und zwar im Osten wie im Westen.

Letzten Endes bin ich doch dankbar für das Buch. Weil es offen und brutal formuliert. Die Vorurteile der Ostler gegenüber dem Westen sind mir aus täglichem Erleben wohlbekannt; schließlich bin ich selbst nicht frei davon. Was dagegen viele Westdeutsche über uns denken, wie verzerrt sie uns sehen, wie oberflächlich – das erfährt man nicht im direkten Umgang mit den Westdeutschen. Dazu sind sie zu höflich. Die kleine gelbe Fibel zeigt uns, woran wir sind.

Reportagen brachte, war die Presse euphorisch, das Publikumsinteresse eher mau, was mich aber nicht davon abhielt, 2003 ein weiteres Buch von ihr zu bringen: »Der einsame Patriot«.

Im Herbst 1993 sollte dann »Das Blöken der Lämmer. Die Linke und der Kitsch« erscheinen, das mir Gerd Henschel und Wiglaf Droste angetragen hatten. Das Titelbild steuerte F.W. Bernstein bei, ein Wal vor Sonnenuntergang, weshalb das Buch eigentlich »Das Singen der Wale« hätte heißen müssen. Während Henschel bienenfleißig Material und Texte zusammentrug, wuchsen bei Wiglaf Droste die Vorbehalte gegen das Thema. Nach langem Zögern schmiß er die Brocken hin, das Buch verzögerte sich ins nächste Jahr hinein. Eckhard Henscheid schrieb dafür ein tolles Nachwort. Henschel hatte unerträglichen linken Kitsch ausgebreitet und damit Erfolg. Sogar *La Stampa* brachte eine größere Sache über »La sinistra e il Kitsch«. Karasek ließ im *Spiegel* seiner Begeisterung freien Lauf und machte aus dem Büchlein einen kleinen Bestseller.

Und ein anderer folgte auf dem Fuß. Das mit Gerd Henschel herausgegebene »Wörterbuch des Gutmenschen«, in dem die »moralisch korrekte Schaumsprache« abgehandelt wurde. Es rief kontroverse Echos hervor. Diedrich Diederichsen kritisierte die »taktisch bekloppte Gutmenschenverspottung«, ohne auf den Inhalt einzugehen, und Friedrich Schorlemmer schäumte über »diese kaltschnäuzigen Zeitanalytiker ohne Arsch in der Hose«. Wolfgang Schäuble hingegen zitierte mich in seinem 1994 erschienenen »Und der Zukunft zugewandt« ausführlich und zustimmend. Hieß das, daß wir Beifall von der falschen Seite bekommen haben? Zumindest hieß es, daß Konservative manchmal klüger sind als Linke. Was allerdings nicht ganz abgestritten werden konnte, war, daß die sogenannten Gutmenschen ihre Hegemoniestellung aus der Friedensbewegungszeit inzwischen verloren hatten. Zwar hatten sie durchaus noch Einfluß und nervten auch ganz gehörig, aber der Zeitgeist kam mittlerweile aus einer anderen Richtung, an den sich Leute wie Klaus Rainer Röhl anzuflanschen versuchten mit einem auf die Schnelle zusammengeschusterten »Deutschen Phrasenlexikon«. Aus diesem Grund gab ich zusammen mit Wiglaf Droste im Herbst 1995 einen 2. Band des »Wörterbuchs des Gutmenschen« heraus, in dem dezidiert auf die Gesinnungssprache

Schlacht für das Gute

Mögen die Rechten auch noch so laut dröhnen, der aufrechte deutsche Links-Intellektuelle wiederholt unverdrossen seine Betroffenheitsformeln. Dabei ist ihm kein Sprachkitsch zu blöd.

Autor Graß (M.)*: „Darf man Du zu Dir sagen?"

Kitsch ist vor allem eines, nämlich gut gemeint. Das ist seit Gottfried Benns arroganter Definition eine Binsenwahrheit. Und wenn der konservative Kritiker seufzt: „Ach wäre es doch wie früher!", malt er sich ein Früher aus lauter rotwangigen, gütigen, naturverbundenen Menschen aus, bei denen die Männer stark, die Frauen treu, die Kinder gehorsam waren und die bellenden Hunde nicht bissen, weil sie Sprichwörter noch achteten.

Die Linke, stets der Chimäre „Fortschritt" zugetan, die auf das Adjektiv „sozial" hörte, hatte da gut lachen. Sie schien gegen den Kitsch gefeit, weil der ja was (so hatte es ihr die „Frankfurter Schule" beigebracht) mit „falschem Bewußtsein" zu tun hatte. Und links wohnte ja das richtige Bewußtsein, das goldrichtige.

Heute, wo wir mit schmerzhafter Deutlichkeit ahnen, daß auch der falsche Geist weht, wo er will, und keine Himmelsrichtungen kennt, kommt ein Buch gerade recht, das unter dem Titel „Das Blöken der Lämmer" linken Kitsch versammelt hat**. Der Titel, etwas angestrengt humorig, macht deutlich, daß Gerhard Henschel, der Verfasser und Sammler, sein Zuhause in der Blödelschule der *Titanic* hat.

Jetzt, wo der Schmerz allmählich nachläßt, können wir vielleicht endlich auch über den linken Kitsch lachen. Gequält zwar vielleicht noch, aber auf jeden Fall befreit. Vieles wird durch das Buch endlich unklar. Bis jetzt war ja alles so klar. Ernst Jünger, das war für Linke martialisch rechter Kitsch, Stahlgewitter, stählendes Fronterlebnis, offiziersmäßig mit Sekt (inkl. Erdbeeren) den Bomberfliegern zuprosten.

Poet Härtling
„Mit Lächeln zahlen"

* 1982 in Nicaragua mit Kollegen Johano Strasser und Franz Alt.

** Gerhard Henschel: „Das Blöken der Lämmer. Die Linke und der Kitsch." Mit einem Nachwort von Eckhard Henscheid. Edition Tiamat, Berlin; 176 Seiten; 26 Mark.

die tageszeitung. Montag, 30. August 1993 ■ Berlin

„Wir können die Leute ärgern“

■ Gesichter der Großstadt: Klaus Bittermann greift mit seinem Ein-Mann-Verlag in die öffentliche Debatte der Bundesrepublik ein / Kleine Auflage, große Wirkung

Sieht so ein teuflischer Verleger aus? Da sitzt ein schmächtiger Klaus Bittermann in seiner Kreuzberger Wohnung, redet bedächtig und zurückhaltend, fast ein wenig schüchtern. Nein, das ist nicht jener Bittermann, der in der Essayreihe „Critica Diabolis“ seines Tiamat-Verlages wie eine sprachliche Dampfwalze daherkommt und über die Ostdeutschen schreibt, sie seien „äußerst unangenehme Zeitgenossen, die auf bisher unbekannte Weise Selbstmitleid und Barbarei als wirksame und erpresserische Waffe“ einsetzten. Ein Satz, der in einem der erfolgreichsten Tiamat-Bücher der letzten Jahre steht und das die Feuilletons in diesem Frühjahr mächtig aufwirbelte. Selbst die ARD-„Tagesthemen“ präsentierten den Band „Der rasende Mob“, in dem Autoren wie Henryk M. Broder, Gabriele Goettle, Wiglaf Droste und natürlich Bittermann die ostdeutsche Seelenlandschaft auseinandernahmen. Über die wütenden Reaktionen kann sich Bittermann, der selbst „kaum Ossis kennt“, noch immer diebisch freuen. Etwa die Replik des ehemaligen DDR-Bürgerrechtlers Jens Reich in der *Wochenpost*, der das Buch am liebsten in hohem Bogen in den Papierkorb geworfen hätte. Diese „beleidigte Haltung“ finde er „eine ganz gute Reaktion“ auf das „bewußt ungerechte und gemeine Buch“. Nur so, sagt Bittermann, könne man die Menschen zum Denken anregen. Über Politik redet Bittermann weit lieber als über Privates. Bruchstücke läßt sich der heute 41jährige immerhin entlokken: daß er wegen einer Schülerzeitung Ende der sechziger Jahre vom Gymnasium seiner Geburtsstadt Kulmbach flog, sich anschließend in Nürnberg in der „Roten Hilfe“ engagierte und nach internen Zwistigkeiten mit Gefährten die „Schwarze Hilfe“ gründete, an der Uni Erlangen Philosophie, Politik und Soziologie studierte und Anfang der Achtziger nach Berlin wechselte. Und daß er nebenbei Krimis unter einem Pseudonym und Literaturkritiken schreibt. Für wen? Darüber schweigt Bittermann geflissentlich.

Es sind wahrlich nicht viele, die sich durch die Bücher des Ein-Mann-Verlages, der seit 1978 existiert, provozieren lassen. Erfolg ist für Bittermann ein relativer Begriff. Zwar sind viele Bücher sogar bei der *FAZ* oder *SZ* wohlgelitten. Doch wenn dreitausend Exemplare verkauft worden sind, darf sich Bittermann glücklich schätzen. Trotzdem: Selbst für eintausend Leser „bringe ich ein Buch heraus, wenn es gut ist und mir gefällt“. Autoren wie Robert Kurz, Gerhard Henschel, Eike Geisel oder Roger Willemsen bieten seit Jahren Gewähr für ätzende, beißende Kritik. Einige hat Bittermann über den *Konkret*-Schreiber Wolfgang Pohrt kennengelernt, dessen Band „Kreisverkehr, Wendepunkt“ er 1984 herausgab. Damals, so erzählt Bittermann, habe Pohrt einige Probleme mit dem Rotbuch-Verlag gehabt – da habe er angefragt und zugegriffen. Ein Glücksfall, wie sich heute zeigt. Denn mit Pohrt begann, mehr oder weniger, der bescheidene Erfolg der Reihe „Critica Diabolis“. Wer in die Welt der Diaboliker eintaucht, der braucht eine gute Portion Zynismus, um unbeschadet zu bleiben. Da wird die Wirklichkeit in all ihrer Plattheit, Dummheit und Geschwätzigkeit aufs allerbeste seziert – zurück bleibt ein Leser, dem sich zwei Auswege eröffnen: als Trost das nächste Tiamat-Buch zu kaufen oder sogleich den Strick über den nächstbesten Baum zu werfen. Keiner wird verschont. Wer Fronten sucht, wird sie hier so leicht nicht finden. So rechnete Bittermann nach dem Golf-Krieg in einem Essayband mit den „edlen Seelen der Friedensbewegung“ ab. „Als ein Teil der Bewegung Israels Vernichtung billigend in Kauf nahm, war der Punkt erreicht, an dem man eindeutig Stellung nehmen mußte.“ Die Selbstbeschränkung des Geistes, auch des linken, das sind Dinge, die Bittermann nicht ausstehen mag. Ein konservativer Publizist wie Karl-Heinz Bohrer habe zu Zeiten des Golf-Krieges durchaus „schlaue Dinge geschrieben“. Ob er glaubt, mit seinen Büchern Aufklärung betreiben zu können? Nein, sagt Bittermann: „Aufklärung scheitert am spießigen Bewußtsein. Wir können die Leute mit unseren Büchern nur ärgern.“ Keine schlechte Aufgabe, in diesen Zeiten.

Severin Weiland

Klaus Bittermann — *Foto: Wolfgang Barns*

dieses Zeitgeists eingegangen wurde, wie z.B. »dem Ansehen Deutschlands schaden«, »mit Nazis reden«, »nicht den Rechten überlassen«. Das wollten dann schon weniger Leute wissen.

Wieder einmal angeregt durch Wolfgang Pohrt und seine »Harte Zeiten«, den dritten Band seiner Studie über das Massenbewußtsein der Deutschen, gab ich »Serbien muß sterbien« heraus. In dem vor sich hinschwelenden Konflikt in Jugoslawien hatte sich die Öffentlichkeit an einem bestimmten Punkt entschlossen, die Serben zu den Buhmännern zu machen.

Artikel über Massaker und Massenvergewaltigungen häuften sich, vorausgesetzt sie wurden von serbischen Milizen begangen. Aber dann kam heraus, daß man bei der Greuelpropaganda manchmal etwas nachgeholfen hat, um den Anforderungen auf dem deutschen Markt zu entsprechen. Ich bündelte die kritischen Stimmen in diesem Buch, machte mir jedoch keine Hoffnungen auf große Resonanz. Darin täuschte ich mich. Es wurde der 3. kleine Bestseller innerhalb kurzer Zeit. Das Buch sprach sich in serbischen Zirkeln herum, und zwar nicht nur in nationalistischen Kreisen. Ich glaube, daß »Serbien muß sterbien« das Buch mit der größten Verbreitung in der »normalen Bevölkerung« war, allerdings nicht in der deutschen, sondern in der restjugoslawischen. Im Wedding lernte ich solche Leute kennen. Da hatte man mich zu einem Verein jugoslawischer Gastarbeiter eingeladen, die mir von ihrer neuen Rolle als Sündenböcke erzählten. Ich kam mir wie der Messias vor. Sechzig Leute waren anwesend, sie kauften sechzig Bücher, jeder eins, und ich mußte alle signieren.

In Österreich hatten sich die Autoren und Bücher ebenfalls herumgesprochen. Im *Profil*, dem österreichischen *Spiegel*, erschien eine dreiseitige Geschichte. Das haben meines Wissens auch nicht so viele Leute geschafft. Damals erhielt ich dann auch noch den einzigen Preis meines Lebens, den »Viva-Maria-Preis«, der immerhin mit 3333.- Mark dotiert war und auf die Initiative von Dieter Bott zurückging, der das Preisgeld zusammenschnorrte, um Leute, die nicht in der Spur liefen, zu würdigen. Als Urkunde erhielt ich eine Postkarte, auf der mit rotem und grünen Filzstift einfach nur hingekritzelt war:

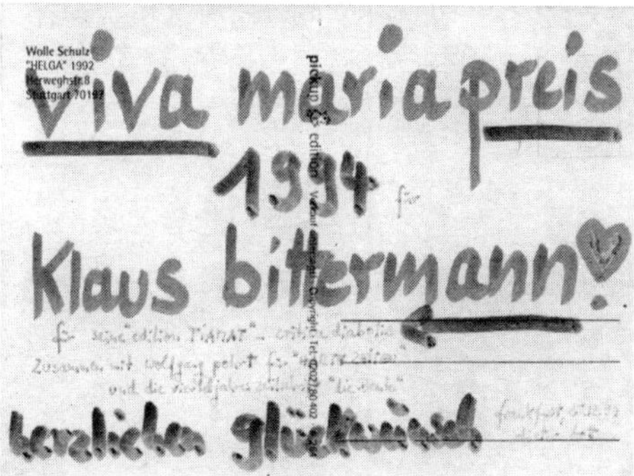

AUTOR UND VERLEGER KLAUS BITTERMANN Die Welt mit mephistophelischem Blick betrachten

Stop making common sense

Klaus Bittermann verlegt die Reihe „Critica Diabolis" und stößt damit die guten Menschen von links und rechts ganz ungehörig vor den Kopf. Von **WOLFGANG REITER** BERLIN

So muß die Vorhölle aussehen: ein fensterloses Gelaß, erleuchtet von einer matten Glühbirne. Zigarettenqualm. Und nichts zu lesen außer den Schriften von Wolfgang Pohrt." Mit teuflischer Genugtuung zitiert der Berliner Verleger Klaus Bittermann aus einer Rezension der „Frankfurter Allgemeinen Zeitung". Sieben Bücher jenes Autors, der derart die Purgatoriumsphantasie des konservativen Feuilletons erregt, hat er mittlerweile verlegt. Noch dazu in einer Reihe, die den vielversprechenden Titel „Critica Diabolis" trägt. Auch die anderen vierzig Bände machen diesem Namen alle Ehre. Zynisch und blasphemisch, zuweilen wirklich bitterböse geht es in den kleinen Paperbacks zu. „Verletzend, einseitig und ungerecht" sei das eine, „ein Anschlag auf den guten Geschmack" das andere, geradezu „infam" das dritte. Tiefe Empörung spricht aus zahlreichen Rezensionen. Die tiefste freilich gilt Wolfgang Pohrt, Lieblingsschreiber des Verlegers und – glaubt man den Verlagsanzeigen – „meistgehaßter Autor Deutschlands".

Pohrts zuweilen rechthaberischer Kampf gegen den herrschenden Common sense steht gleichsam paradigmatisch für die ganze Reihe. Sie eckt überall an. Bei der Linken und der Rechten. Bei Wessis und Ossis. Bei Christen und Atheisten. Dem „FAZ"-Tip für reuige Sünder, ihre Verfehlungen statt mit drei „Vaterunser" nunmehr durch die Lektüre der jüngsten Schrift des inkriminierten Autors abzubüßen, kann sich daher auch die sonst gar nicht christliche „taz" anschließen: „Pohrts Buch auswendig lernen oder hundertmal abschreiben", empfiehlt sie ihren ehemals linken Lesern, die nach 1989, nach dem Zusammenbruch des Ostblocks, dem Sozialismus abgeschworen haben. Wen mag da noch wundern, daß das zu solchem Gebrauch empfohlene Essay-Bändchen auch noch den passenden Titel trägt: „Harte Zeiten".

„Die dauern nun", meint Pohrt am Ende seiner Analysen zum Zeitgeschehen mit einer Anleihe bei Walter Benjamin, „‚weil es für das Leiden des einzelnen wie der Gemeinschaft nur eine Grenze gibt: die Vernichtung'. Vernichtung aber bedeutet Arbeit ohne Ende. Je weiter sie fortschreitet, desto langsamer kommt sie voran. Sie stagniert, wenn Krieg, Vertreibung und Verelendung nur noch wenige Entkräftete übrig ließen, die sich auf ein großes Gebiet verteilen. Dann sorgen die Selbstschutzmechanismen der Natur dafür, daß die Menschheit ihr Ziel nicht erreicht, und alles fängt wieder von vorne an. Nichts ist derzeit so sicher wie die Zukunft." Die Rede ist von Jugoslawien nach der Teilung. Aber Pohrts illusionslose, nüchtern-apokalyptische Conclusio gilt auch dem Deutschland nach der Vereinigung und all den anderen Ländern, in denen der Jubel über den „Endsieg" des Kapitalismus den Blick dafür trübte, daß – wie er in scheinbar anachronistischer Berufung auf Karl Marx schreibt – „das Kapital" erst nun „seinen logischen Gang" ungehindert gehen könne, an dessen Ende es seine eigenen Existenzbedingungen zerstört. „Wer die Metzeleien auf dem Balkan rückständig, atavistisch, uneuropäisch, unzivilisiert nennt, will nur als unzeitgemäß, ortsfremd, wesensverschieden oder andersartig ausgrenzen, was alle von innen bedroht."

Fotos: Contrast

SARAJEVO (o.) UND ROSTOCK (u.) „Wer die Metzeleien am Balkan uneuropäisch nennt, will als andersartig ausgrenzen, was alle von innen bedroht"

Max Horkheimers längst vergessene Mahnung, daß vom Faschismus schweigen soll, wer über den Kapitalismus nicht reden will, klingt hier an. Ohne dem Kommunismus nur eine einzige Träne nachzuweinen, „weil die Bildung eines Vereins freier und solidarischer Produzenten unter Zwang" eben nicht möglich ist, zeigt er auf, daß am Ende aller nichtkapitalistischer Verhältnisse die Auflösung aller Bindungen zwischen den Menschen steht und daß das, was in vielen Gegenden der postkommunistischen Welt passiert, nicht – wie es die herrschende Meinung will – ein Rückfall in die alten Zeiten ist, sondern die Konsequenz der neuen.

Es ist die prinzipielle Verwandtschaft der Totschläger am Balkan mit jenen in Rostock, Hoyerswerda oder Los Angeles, die Pohrt, wenn auch polemisch zugespitzt, konstatiert und die seine Kritiker – wie etwa im Berliner „Tagesspiegel" – dazu veranlaßt, ihn für „irrsinnig" zu erklären. Aber vieles spricht dafür, daß Pohrts auf den ersten Blick aberwitzige Analysen, stichhaltiger sind, als man es wahrhaben möchte.

Die aggressive Ablehnung, die ihm gerade auch von ehemaligen Linken entgegenschlägt, die nun von Marx, Horkheimer und Adorno nichts mehr wissen wollen, ist symptomatisch, weil er sie dort trifft, wo sie am verwundbarsten sind. Gerade erst zu glühenden Anhängern der westlichen Demokratie und der UNO geworden, müssen sie sich von Pohrt vorhalten lassen, daß sie ihre alten Positionen im falschen Augenblick aufgegeben haben: „Rund 20 Jahre lang hatten die Intellektuellen also den Antifaschismus zentnerweise gebuckelt." Als die rechtsradikalen Schlägerbanden, „Deutschland den Deutschen" gröhlend, durch die Straßen zogen und die Asylantenheime anzündeten, sei der ehemals gelobte radikale Widerstand händchen- und kerzenhaltend im Lichtermeer untergegangen. Plötzlich sollte der Dialog gesucht und nicht ausgegrenzt, Verständnis entgegengebracht und Zuwendung geschenkt, die Betreuung verbessert und die soziale Lage der Täter bedacht werden.

So verständnisvoll freilich, ätzt Pohrt, soll nur mit den eigenen „Volksgenossen" umgegangen werden. Gegen die ebenso brandschatzenden Banden in Bosnien werden von denselben Leuten Luftangriffe empfohlen – eine Doppelmoral, eine Verleugnung der Wirklichkeit, die auch in anderen Critica-Diabolis-Büchern mit spitzer Polemik aufs Korn genommen wird. Zum Beispiel in den aktuellen Sammelbänden, die der Verleger Bittermann selbst herausgegeben hat: „Serbien muß sterbien" (Nr. 45) oder „Der rasende Mob. Die Ossis zwischen Selbstmitleid und Raserei" (Nr. 37), dem bislang wohl teuflischsten Machwerk der Reihe. Alles andere als Verständnis wird dort den Schlägerjungs und den ihnen applaudierenden Zuschauern entgegengebracht.

Schonungslos wird hier empfohlen, wie mit ihnen umgegangen werden soll: „Klingelt ein Befürworter der Deutschen Einheit an deiner Tür und bittet um Speis, Trank oder auch nur darum, seine Notdurft verrichten zu dürfen – dann gibt's nur eins: Sag nein! ... Was immer er von dir will, verweigere es, wenn es ihm übel ergeht, verspotte ihn noch, und vor allem: Hetze ihn auf seinesgleichen ... Und wenn sie sich dann gegenseitig umbringen statt andere – denn ohne Umbringen können sie nicht leben –, dann stelle eine Kerze ins Fenster für die deutschen Brüder und Schwestern."

Als Satire wollte das nicht nur bei Jens Reich, dem aufgebrachten Rezensenten der „Wochenpost", nicht mehr durchgehen. Und er hat natürlich recht: Das ist geschmacklos. So dürfen die Autoren aus dem Westen mit den Ossis nicht umgehen. Das muß dem Umgang der Ossis mit den „Kanaken" vorbehalten bleiben! Menschenverachtender Zynismus? Gewiß, davon gibt es nicht nur in diesem Band genug. Aber wer liest nun solche Bücher? „Schwierig nachzuvollziehen", meint Klaus Bittermann, „welche Motive den einzelnen bewegen, zu diesem oder jenen Band zu greifen. Es gibt vielleicht ein paar hundert Leute, die regelmäßig die Bücher kaufen, die ich mache. Darüberhinaus hängt es natürlich von der Aktualität der Themen ab. ‚Serbien muß sterbien' wird sicher nicht nur von den Linken gelesen. Die haben wir ja schon zur Genüge frustriert mit unseren anderen Büchern, als daß sie uns die Treue halten würden." Zum Beispiel mit dem Golfkriegs-Buch („Liebesgrüße aus Bagdad", Nr. 30). Pohrt, Bittermann und Co haben sich darin endgültig vom alten Dogma linker Imperialismuskritik verabschiedet und mit dem Konsens der Friedensbewegung, die mit dem Slogan „Kein Blut für Öl" den Feind vor allem jenseits des Atlantiks vermutete, gebrochen.

Die Sympathien, die die Critica-Diabolis-Macher damit beim konservativen Publikum geerntet haben, sind freilich längst wieder verspielt. So wandelt der Verlag stets am Rande der Existenz. „Ich muß nebenbei Krimis schreiben", sagt Bittermann, „damit ich mir das leisten kann." Verleger aus Passion ist er ohnehin nie gewesen. „Das Verlagsprojekt ist eher zufällig entstanden. Wir haben in den siebziger Jahren ein paar Bücher gemacht, die uns wichtig waren. Dann hab' ich irgendwann den Verlag angemeldet." Als sein Vertrieb pleite ging, stand er vor der Entscheidung, aufzuhören oder weiterzumachen. „Da habe ich Wolfgang Pohrt kennengelernt, und mit seinen Texten hat es für mich dann wieder Sinn gemacht."

Gemeinsam mit Pohrt hat sich Bittermann auch von jenem linken Background verabschiedet, von dem ihre Interventionen in Form von Aufsätzen und Büchern lange Zeit getragen wurden. Daran erinnert – in verballhornter Weise – nun bloß noch der Name der Edition: Tiamat. „So heißt meines Wissens eine griechische Ursprungsgöttin", sagt Bittermann. Im Dialekt der Franken, seiner Muttersprache, wird gerne T mit D wechselt, „sodaß daraus ein Diamat werden könnte, also die alte Abkürzung für den Dialektischen Materialismus." Das entlockt ihm ein Lächeln, an dem nicht gleich auszumachen ist, wie es gemeint ist. Ein wenig spöttisch oder ein wenig sentimental.

Nicht ganz passend ist auch das Signet der Critica-Diabolis-Reihe. Das Bild einer scheinbar abgründigen, bösen Frau. „Es stammt aus einem französischen Vampirfilm der dreißiger Jahre und hat eigentlich gar keine Bedeutung." Manchen Büchern aus der Reihe jedoch steht die blutsaugende Vampirin als Markenzeichen gar nicht schlecht. Gerhard Henschels Polemik gegen den linken Kitsch, mit dem etwas angestrengt humorigen Titel „Das Blöken der Lämmer" (Nr. 40) zum Beispiel, eine weitere Abrechnung mit der eigenen Geschichte. Mit vampirhaftem Eifer macht sich der Autor auf die Suche nach seinen Opfern, um sie erbarmungslos auszusaugen, reiht Belegzitate aneinander und verbindet sie mit spöttischen Kommentaren. Das Personenregister am Ende des Bandes liest sich wie das Who's who der Großschriftsteller, Großfilmer, Großliedermacher, Starfeministinnen und Starintellektuellen oder jener, die sich dafür halten. Auch die Österreicher sind da gut vertreten: die Hellers und Pluhars, Schlaffers und Bernards, die Nitschs und Hrdlickas, die Frieds und Jungks. Die wirklich großen Schnulzensänger und Schnulzendenker, bei denen noch echt klammheimliche Freude über die Entlarfung aufzukommen vermag, findet Henschel jedoch jenseits der alpenländischen Grenzen: Borchert und Weiss, Beuys und Pasolini, Böll und Rinser, Alice Schwarzer und Cohn-Bendit, Neruda und Sartre, Fassbinder und Wenders. Denen wäre man doch gerne selbst auf die Schliche gekommen, oder?

Kein Wunder, daß sich Henschels Band anschickt, zum Verkaufsschlager der Edition zu werden. Eben wurde die dritte Auflage gedruckt, die dritte in einem Jahr. Dem Verleger kann es recht sein, und dem Leser billig. Er muß es ja nicht in einem Durchgang lesen und sich von der mitunter allzu retardierende Beweisführung ermüden lassen. Zum Auffinden linker Kitsch-Zitate gibt es ja das Register. Also: Opfer auswählen, Textstelle suchen, sich schieflachen oder auch nur betreten schmunzeln, weil man gerade auf ein Zitat gestoßen ist, dem man seinerzeit, als es noch nicht kitschig, sondern Ausweis „fortschrittlicher Gesinnung" war, selbst applaudiert hatte.

Die Linken haben wir schon zur Genüge frustriert mit unseren Büchern, als daß sie uns die Treue halten würden."

Daß dieses „Erst nachher ist man klüger" nicht zwangsläufig sein muß, belegen andere Critica-Diabolis-Bücher. Das „Wörterbuch der Gutmenschen" (Nr. 44) etwa, wo über brandaktuellen Sprachkitsch à la „Wut und Trauer", „Streitkultur" und „Menschlichkeit", „Querdenker" und „Betroffenheit" aufs vergnüglichste hergezogen wird, wo der Zettelkasten moralisierender Geschwätzigkeit nicht allein aus ästhetischen Gründen aufgeräumt wird, sondern um die politischen Streitfragen wieder offenzulegen. Oder Christian Schultz-Gersteins 1987, kurz nach dessen Tod aufgelegte (mittlerweile leider vergriffene) Aufsatzsammlung mit dem Titel „Rasende Mitläufer" (Nr. 14) Kleine, anstößig gute Artikel, Kritiken und Essays zum Kulturbetrieb, ursprünglich zumeist im „Spiegel" erschienen, die man heute, zehn, fünfzehn, zwanzig Jahre später, immer noch mit Gewinn lesen kann. Sein Botho-Strauß-Verriß aus dem Jahre 1982 zum Beispiel, eine dezidierte Kriegserklärung an den damals im gesamten deutschsprachigen Feuilleton noch sakrosankten Autor, nimmt pointiert vorweg, worüber erst zehn Jahre später – anläßlich des „Anschwellenden Bocksgesangs" – heftige Debatten im Blätterwald einsetzten. Liest man Schultz-Gersteins Strauß-Aufsatz vor dem Hintergrund dieser jüngsten Debatten, bekommt man auch eine Ahnung davon, was Wolfgang Pohrt meint, wenn er im Vorwort zu seiner eingangs erwähnten Analyse zum Zeitgeschehen schreibt, daß deren bescheidener Nutzen wahrscheinlich bloß darin bestehe, die spätere Legendenbildung zu erschweren. Daß Botho Strauß erst in den neunziger Jahren im trüben Dunkel eines rechten Kulturelitarismus zu fischen begonnen hätte, diese Legende des Feuilletons linksliberaler wie konservativer Prägung, wird bei der Lektüre Schultz-Gersteins heftig erschüttert. Wahrscheinlich ist auch Pohrts überraschende – im scharfen Kontrast zu seinen verbalen und analytischen Kraftakten stehende – Bescheidenheit doch nicht nur kokett, sondern die resignative Einsicht in die Macht des jeweils herrschenden Common sense, dessen von Gutmenschen verteidigte Bastionen sich auch mit Diabolus Hilfe nicht erstürmen lassen. ■

WOLFGANG POHRT Deutschlands „meistgehaßter Autor" und sein jüngstes Buch „Harte Zeiten" (207 S., Edition Tiamat, Berlin 1993, öS 219,–)

Mittlerweile füllte sich pro Jahr ein Leitz-Ordner mit Rezensionen. Es ging aufwärts. Ich konnte 1995 nun auch mal ein größeres Projekt in Angriff nehmen, wie z.B. die bislang unveröffentlichte Betrachtung »Die Zukunft von gestern« von Harry Mulisch, der Entwurf eines Szenarios, in dem Deutschland den Krieg gewonnen hatte. Ein Jubiläumsband. Die Nummer 50 der Reihe Critica Diabolis. Drei Stunden hechelte ich mit Mulisch telefonisch die letzten Korrekturen durch. Danach war mein linkes Ohr taub. Nach seinem Roman-Bestseller »Die Entdeckung des Himmels« lief dieses Buch eher bescheiden, obwohl grandiose Kapitel über einen Besuch der Wagner-Oper und ein Gespräch mit Albert Speer enthalten sind.

Ähnlich erging es dem Buch von Rebecca West über die Nürnberger Prozesse, die sich gerade zum 50. Mal jährten. Mir gefiel der sarkastische Ton, den sie anschlug. Aber da war ich wohl einer von wenigen. Zum ersten Mal hatte ich ein Buch auf ein Jubiläumsereignis hin produziert und machte nun die Erfahrung, daß die Nachfrage danach ganz schnell von Hundert auf Null sinken kann. Jahre später kam in der Anderen Bibliothek eine erfolgreiche Textanthologie zu dem Thema heraus, und ich durfte wieder einmal darüber grübeln, woran das lag.

Schließlich konnte ich den bei *Nautilus* publizierenden Wiglaf Droste überreden, mit dem schmalen Bändchen »Brot und Gürtelrosen« bei Tiamat fremd zu gehen. Darüber war ich sehr glücklich, weil ich seit Jahren ein großer Bewunderer seiner *taz*-Kolumnen war und schon lange damit liebäugelte, meine Critica Diabolis-Reihe mit einem Buch von ihm zu schmücken. Da wir einige Jahre zusammenwohnten, heckten wir vieles gemeinsam aus. Ich lernte viele neue Leute über Wiglaf kennen, was das Verlagsprogramm nicht unerheblich beeinflußte. »Brot und Gürtelrosen« war dann ein Grund dafür, daß Wiglaf sich mit seinem alten Verlag zerstritt, denn schließlich, so *Nautilus*, habe man ihn »erst groß ge-

Wiglaf Droste, der Verlagsflüsterer

macht«, wobei umgekehrt eher ein Schuh draus wurde. Seither sind vier weitere Kolumnen-Bände als Hardcover erschienen, alles Meilensteine auf der Bücherstrecke, die Tiamat zurückgelegt hat.

Im Frühjahr 1996 konnte ich Mathias Wedel für einen Nachfolgeband seines bei Rowohlt-Berlin erschienenen »Einheitsfrust« gewinnen, der 1994 für einen heftigen Sturm im Feuilleton gesorgt hatte. Danach wurde Wedel von der *Super-Illu* (wenn ich mich recht erinnere) als IM entlarvt. Ich fand, daß das, was er schrieb, durch diese Enthüllung nicht schlechter wurde, und deshalb betätigte ich mich gerne als Resozialisierungshelfer. In den Medien zeigte man sich pikiert, das Buch wurde in der Regel eher mit spitzen Fingern angefaßt. Das war beim wunderbaren Episoden-Band und Erziehungsberater »Wie ich meine Kinder mißbrauchte« nicht anders.

Ich hatte schon länger die Absicht, ein Buch über ein Fußball-Thema zu machen. Jetzt wurde was draus. Es ging über Fußballexperten, über die »Reporter des Grauens«. Denn unter was hatte man als Fußballgucker wohl am meisten zu leiden? Offensichtlich stand ich mit dieser Einschätzung nicht allein, denn diese Anthologie wurde ein Hit. Zusammen mit dem Mitherausgeber Jürgen Roth handelten wir nach einem ähnlichen Rezept die Bestsellerliteratur und die Talkshows ab. Mit dem »Großen Rhabarbern« machte ich einen kleinen Ausflug in den Boulevard. Nicht nur der *Spiegel* brachte eine große

Fanny Müller auf der Messe

Geschichte, auch die *BZ* veröffentlichte völlig überraschend einen 2-Seiten-Bericht und setzte in einer Photomontage meinen Kopf auf den Körper von Henry Maske. Der Punching-Ball bestand aus Köpfen von diversen Talkshow-Meistern. Die Schlagzeile lautete: »Der Talk-Show-Hasser.« Das war fast so gut, wie in der *Bunten* dreimal hintereinander als »Leute von gestern« bezeichnet zu werden, wie Harry Rowohlt das – aber auch nur angeblich – passiert ist. Das wiederum brachte mir eine Einladung in der sfb-Talkshow »Alex« ein, in der ich Gelegenheit hatte, mich kräftig zu blamieren, wobei die inzwischen verstorbene Juliane Bartels mir schon vor der Sendung zu verstehen gab, daß sie das alles viel besser gekonnt und ich als Außenstehender sowieso keinen blassen Schimmer hätte. Womit sie vermutlich recht hatte.

Im Herbst 1996 unternahm der Verlag einen kurzen Ausflug in die Belletristik. Fanny Müller und Susanne Fischer hatten »Kriminelle Briefe nachgelassener Frauen« zu einer grandiosen Mordgeschichte komponiert, die dann von *Brigitte* für den weihnachtlichen Gabentisch empfohlen wurde. Auf der Buchmesse quatschte gleich am frühen Morgen eine unglaublich lebhafte Blondine auf mich ein. Ich war noch nicht richtig wach, aber immerhin kriegte ich mit, um was es ging. Sie hatte am Abend vorher »Stadt Land Mord« gelesen und war derart begeistert, daß sie für mich die TB-Rechte verkaufen wollte. Eine Verrückte, dachte ich, aber mach nur. Sie war natürlich nicht verrückt, sondern damals für die Lizenzen von *Haffmans* zuständig. Als die quirlige Nadja Kossack den Deal unter Dach und Fach gebracht hatte, mußte ich mir fürs kommende Jahr erstmal keine Sorgen mehr machen. Und dann hatte ich auch noch das Glück, daß Fanny Müller zu mir wechselte, wo mich im Herbst 1997 ihr erster Kolumnenband begeisterte.

Parallel kam Guy Debords »Die Gesellschaft des Spektakels« heraus, der bis heute beste Backlisttitel des Verlags. Das Buch hatte bereits zwei Übersetzungen hinter sich, eine schlechte und eine mit vielen Druckfehlern, die bei *Nautilus* erschienen war. Guy Debord, der sich 1994 umgebracht hatte, war darüber nicht sehr glücklich. Der Übersetzer Jean-Jacques Raspaud, dessen Lebenswerk darin bestand, eine korrekte Übersetzung dieses Buches herauszubringen, hatte sich an mich gewandt. Ich hatte nichts dagegen, denn meine Beschäftigung mit den Situationisten dauerte mittlerweile schon über zwanzig Jahre, und dies war schließlich das Hauptwerk, an dem auch Enzensberger für seine Andere Bibliothek Interesse bekundete. Damit wirklich nichts schief ging, schickte mir Raspaud fertige, von ihm persönlich hergestellte Filme. Rudolf Walther schrieb eine große Besprechung in der *Frankfurter Rundschau* mit dem Titel »Der Agent der Subversion«. Der *FR* schien »Subversion« zu subversiv zu sein und titelte kurzerhand ein »Der Agent der Subvention«. Von Debord erschien auch noch ein weiteres Buch, das von einigen Spezialisten als das schönste Buch des Verlags bezeichnet wird: »Panegyrikus«, die Erinnerungen Debords, ein schmales Bändchen und stilistisches Meisterwerk, mit einem schönen Kapitel übers Trinken.

Im Frühjahr 1997 gelang es mir, Wolfgang Pohrt dazu zu bringen, eine im Auftrag des Hamburger Instituts angefangene, aber nicht abgeschlossene Studie als Buch fertig zu stellen. Sie kam unter dem Titel »Brothers in Crime« heraus, und der Untertitel ließ keinen Zweifel über den Inhalt aufkommen: »Die Menschen im Zeitalter ihrer Überflüssigkeit. Über die Herkunft von Gruppen, Cliquen, Banden, Rackets und Gangs«. Wahrscheinlich war es nicht populär genug wie beispielsweise Dagobert Lindlaus »Der Mob« oder die Bücher des Jürgen »Mafia« Roth, und wahrscheinlich sind die beschriebenen Aussichten den meisten zu depimierend, aber es ist eins der wichtigstens Bücher des Verlags.

Über Wiglaf Droste lernte ich den Dortmunder Dichter und Kabarettisten Fritz Eckenga kennen, mit dem ich mich auf Anhieb gut verstand, was ja bei Autoren manchmal ein bißchen schwierig ist. Außerdem verband uns eine gemeinsame alte Liebe zu Borussia Dortmund. Mit Texten war er schon seit den Siebzigern zugange, hauptsächlich für den Rundfunk und auf

Mit Fritz Tietz als Kassengift unterwegs in Sulzbach-Rosenberg

der Bühne, jetzt gab er als Buchautor sein Debüt. In Dortmund weltberühmt sorgte er mit seinen Auftritten in Nordrheinwestfalen dafür, daß das schmale Buch zu einem kleinen Kassenschlager wurde.

Mit dem Kabarettisten Wolfgang Nitschke war es ganz ähnlich. Mittlerweile bei Band IV seiner »Bestsellerfressen«-Orgien angelangt, verkauft Nitschke einen großen Teil der Auflage über seine Lesungen. Elke Heidenreich hatte mir mit der ihr eigenen straksen Unerbittlichkeit mehr be- als empfohlen, diesen Mann unbedingt zu publizieren. Ich besuchte ihn in Köln, als ich im Deutschlandfunk zu einer zweistündigen Diskussion über die Gutmenschen eingeladen worden war und mir schon nach einer Stunde nichts mehr zu dem Thema einfiel. Wolfgang Nitschke hatte in seinem Regal fast die gesamte Critica Diabolis-Reihe wie am Schnürchen aufgereiht und alles gelesen. Wer macht denn sowas, dachte ich, war nichtsdestotrotz tief beeindruckt. Seither kann ich ihm keinen Wunsch abschlagen.

Im Herbst 1997 startete ich ein Jahrbuch mit dem genialen Titel »Warum sachlich, wenn's auch persönlich geht. Das Who's who peinlicher Personen«, von dem fünf Folgen erschienen und das begeisterte Zustimmung einheimste, weil die übers Jahr auffällig gewordenen Nervensägen der Nation bespöttelt wurden. Eine Klage, wie viele vermuteten, gab es jedoch nie, denn es wurde darauf geachtet, daß sich selbst die gemeinste Beleidigung aus eigenen Äußerungen herleiten ließ. Fritz Tietz, einer der Hauptbeiträger, und ich gingen damit auf Tournee und machten uns als sogenanntes »Kassengift« einen Namen.

Im Frühjahr 1998 erweiterte ich mein Repertoire um ein Filmbuch. »Ich & John Wayne« vom *Merkur*-Herausgeber Kurt Scheel mit Preziosen über Filme und Genres, das es mit den Büchern der berühmten amerikanischen Filmkritikerin Pauline Kael aufnehmen konnte. Außerdem erschien eine sehr lustige Persiflage auf die Bestseller von Ute Ehrhardt mit dem Titel »Böse Mädchen kommen überall. Eine schonungslose Bestandsaufnahme weiblicher Verhältnisse zwischen Realität und Wirklichkeit«. Aber der Zaunpfahl war nicht groß genug. Nicht wenige beschwerten sich über Ungereimtheiten. Im Frühjahr gab ich auch einen Nachlaßband mit Artikeln meines Freundes Eike Geisel heraus, der im August 97 gestorben war, nachdem er zwei Jahre im Koma gelegen hatte. An den sechs Seiten Nachwort knobelte ich Monate herum, bis schließlich auch Wolfgang Pohrt damit zufrieden war, der freundlicherweise darauf achtete, daß ich keinen Quatsch schrieb.

Eineinhalb Jahre, nachdem die Anthologie mit Bestsellerverissen unter dem Titel »Sorge dich nicht, lese!« erschienen war, fühlte sich der *Scherz Verlag* in seiner den Titel betreffenden Urheberrechtsehre verletzt. *Scherz* verdiente sich mit dem besonders schwachsinnigen Lebenshilferatgeber »Sorge dich nicht, lebe!« von Dale Carnegie schon seit Jahrzehnten dumm und dämlich. Eine noble Anwaltskanzlei in München machte mir die Hölle heiß und setzte einen Streitwert fest, bei dem ich sowieso nur noch den Finger hätte heben können. Ein paar Monate lang hielt mich die Sache ziemlich in Atem, da der *Scherz Verlag* sich wenig kompromißbereit zeigte und alles den Anwälten überließ.

Auf der Buchmesse erzählte ich Joseph von Westphalen davon, der sein Herz für die Erniedrigten und Beleidigten entdeckte und in der *Süddeutschen Zeitung* eine furiose Verteidigungsschrift für mich verfaßte, die dafür gesorgt haben dürfte, daß den Scherzanwälten der Morgenkaffee wieder hoch-

Sorge dich nicht, zahle!

Zum Rechtsstreit des Bestseller-Verlages Scherz gegen Edition Tiamat / Von Joseph von Westphalen

In Buchhandlungen, die ihren Kunden noch ein Bedürfnis für Kritik am großen Schwachsinn zutrauen, kann man Titel der Edition Tiamat finden. Wer etwa ab und zu von Aversionen gegen Leute wie den Focus-Fakten-Markwort, den Goldlocken-Gottschalk und gegen andere bedeutende Damen und Herren geschüttelt wird, kann zwei Jahrbüchern („Who's Who peinlicher Personen") mal derb, mal brillant formulierte Unterstützung für seine Abneigungen entnehmen. Das tut gut. Autoren wie Eckhard Henscheid, Roger Willemsen und Wiglaf Droste sind hier in Hochform.

In dem Berliner Ein-Mann-Verlag erschienen im vorigen Jahr „Siebenunddreißig Glossen gegen den Bestseller", in denen nicht nur dem üblichen Schund von Rosamunde Pilcher und Hera Lind, sondern dankenswerterweise auch den Büchern von Feuilleton-Lieblingen wie Javier Marias, Christoph Ransmayr und – Gipfel der Unkorrektheit – Victor Klemperer auf den Zahn gefühlt wird.

Der Verleger und Mitherausgeber Klaus Bittermann gab seinem dringend nötigen Kompendium den ironisch-idiotischen Titel „Sorge dich nicht, lese!", eine Anspielung auf ein Buch mit dem unironisch-idiotischen Titel „Sorge dich nicht, lebe!" eines mittlerweile verstorbnen Amerikaners namens Dale Carnegie, ein Lebenshilfemachwerk, das seit Jahren auf der Bestsellerliste steht und insofern ein interessantes Phantom ist, als es viele Millionen Male verkauft worden sein muß – aber niemand kennt irgendwen, der je dieses Buch auch nur in der Hand gehalten hat, das dem in Bern und München sitzenden Scherz-Verlag nonstop sprudelnde Erträge beschert.

Vor wenigen Wochen (am 28. September) teilten Anwälte der Münchner Kanzlei Gerstenberg (Urheberrecht, Brienner Straße; das feine Wort „Arco-Palais" schmückt die Anschrift) dem Tiamat Velag mit, daß „Sorge dich nicht, lebe!" ein „verkehrsbekannter" Titel sei, für den ihre Mandantin, der Scherz Verlag, Urheberschutz in Anspruch nehme. Der „berühmt gewordene Anfang ‚Sorge dich nicht!'" sei bei beiden Büchern identisch, der „flüchtige Durchschnittsverbraucher", mit dem zu rechnen sei, könne die Titel verwechseln. Daher habe der Tiamat Verlag jegliche Verbreitung seines Buches „Sorge dich nicht, lese!" sofort zu stoppen und dem Scherz Verlag genaue Auskunft über Auflage und Erlöse des Titels zu eröffnen. Unterlassungserklärung anbei.

Hätte Klaus Bittermann unterschrieben, müßte er bei Zuwiderhandlung, das heißt, bei jedem ertappten (auch nur geduldeten) Verkauf pro Exemplar eine Vertragsstrafe von 10 000 Mark zahlen. Da der Scherz Verlag schon einmal gegen eine Parodie auf den Bestseller mit dem Titel „Sorge dich nicht, schwebe!" (Pendragon Verlag) juristische Schritte unternommen hatte, mußte Bittermann davon ausgehen, daß der kuriose Brief ernst gemeint war. Sein Anwalt setzte den Münchner Kollegen mit erstaunlicher Höflichkeit und Geduld auseinander, was einem normalen Menschen nicht erklärt zu werden braucht: daß der Scherz-Titel weder verletzt werde noch verwechselt werden könne, daß es also für den Scherz Verlag keinerlei Grund gäbe, Unterlassungen, Auskünfte und oder gar Schadensersatz zu beanspruchen. Im übrigen sei die Auflage (wie üblich bei Tiamat etwa drei Tausend) ohnehin so gut wie verkauft, auch von daher habe sich die Sache erledigt.

Zwei Wochen später, am 14. Oktober, erhält Bittermann eine Einstweilige Verfügung vom Landgericht München: Die besagte „Druckschrift" der Edition Tiamat muß aus dem Verkehr gezogen werden. Kosten des Verfahrens hat „Antragsgegner" Bittermann zu tragen. Streitwert 100 000 Mark.

Bis jetzt kann man Scherz und seinen Anwälten nicht mehr als die übliche juristische Wichtigtuerei, vielleicht noch profilneurotische Hysterie und anmaßende Überschätzung eigener Produkte vorwerfen. So dumm sind die Anwälte natürlich nicht, ihren eigenen Argumenten zu glauben. Kein Mensch wird diese Bücher je verwechseln. Das Gesetz bietet die Möglichkeit, etwas zu unternehmen, also unternimmt man was. Da läuft einfach etwas ab und verwandelt sich in eine Groteske. Doch auch wer Sinn für realsatirisches Geplänkel hat, findet; das ist nicht mehr komisch, wenn existenzbedrohende Kosten aufscheinen.

Schuld hat der Vorsitzende Richter, den man sich gleich als Fan des Scherz-Bestsellers oder Freund der Konzerne vorstellt – oder ist er einfach nur hoffnungslos übearbeitet? Wenn er sich die beiden Buchumschläge auch nur drei Sekunden angesehen hätte, hätte er in der Kanzlei Gerstenberg anrufen müssen, um, wie in solchen Fällen üblich, in einer halben Telephonminute die Sache vom Tisch zu fegen: Tag, Streicher hier, Ihr Antrag gegen Tiamat. . ., hm, ich rate doch dringlich, das zurückzuziehen, mir die Arbeit und Ihrer Mandantin die Blamage zu ersparen. Schönen Tag.

Statt zu bremsen und im Vorfeld zu schlichten, ließ sich der Richter von den Scherz-Anwälten zu der Verfügung gegen Tiamat bewegen. Viel Sinn für Geist kann der Mann nicht haben. (Vor einigen Monaten folgte er den Klagen des Herstellers eines obskuren Medikaments und untersagte einem Apotheker, das angeblich aus Haifischknochen gewonnene Mittel mit einem Schild „Der Scheißdreck des Monats" weiter in seinem Schaufenster auszustellen.)

Gegen eine Einstweilige Verfügung kann man Widerspruch einlegen, was für einen Ein-Mann-Verlag gegen einen Riesen (Scherz gehört zum Holtzbrinck-Konzern) nicht ratsam ist. Bittermann ruft einen der Scherz-Bosse an. Man kennt sich in der Branche. Man hat schon mal zusammengearbeitet. Es fallen markige Machthaberworte: Ich pfeife die Anwälte zurück! Der Pfiff war offenbar nicht laut genug.

Die Sache wird unerquicklich. Kläffende Köter machen einen nervös. Bittermann, der das Risiko nicht eingehen kann, den durchgeknallten Scherz-Verlag gerichtlich in seine Schranken zu verweisen, versucht es mit Einlenken, was demütigend, aber vernünftig ist. Er möchte seine paar hundert Restexemplare des Titels ungestört verkaufen. Die „Aufbrauchfrist" wird nicht eingeräumt. Bittermann geht noch weiter. Er rechnet seine Gewinne aus und bietet dem Riesen 600 Mark Schadensersatz an.

Man kann sich vorstellen, wie in der Gerstenberg-Kanzlei der Vorschlag ankommt. Im Arco-Palais diktiert ein Anwalt für 600 Mark gerade mal einen Dreizeiler. Entsprechend die Antwort: Bittermann habe einen „Verletzergewinn" erzielt. Die Zahl 12 499 Mark steht plötzlich im Raum. Gleichzeitig baut ein anderer Scherz-Boss im Branchenblatt *Buchreport* möglichen Vorwürfen vor. Scherz reagiere durchaus nicht unangemessen gegen Kleinverlage. „Wir schützen unsere Carnegie-Marke ‚Sorge dich nicht. . .', sonst meint bald jeder, sich des Titels in irgendeiner Form bedienen zu können."

Ziemlich ärmlich, wie hier alberne Urheberrechts-Gefühle für einen albernen Titel entwickelt werden. Bald gehört Scherz zu der neuen Verlagsgruppe Droemer Weltbild und wird damit katholisch. Vielleicht lassen sie dann die Christenworte „Fürchtet euch nicht!" schützen. Vielleicht nehmen sie auch Verstand an und werden nächstenlieb.

„Verletzergewinn" ist ein perverses Wort aus einem kranken Juristenhirn. Ein Quasi-Sadomaso-Wort. Das Hickhack der Anwälte aber verzerrt, worum es bei der Sache geht. Der gute Kleine wird vom bösen Großen drangsaliert? Das wäre eine revolutionsromantisch vereinfachte Sicht. Es ist schlimmer. Es geht darum, daß der Schwachsinn den Scharfsinn tyrannisiert.

Es geht auch darum, daß man in Vorstandsetagen gern freundlich tut, aber seine Hunde trotzdem jagen läßt. Man kann nichts dafür, wenn sie das Wild reißen. Man hat gepfiffen. Man kann nichts dafür, daß Leute blöd genug sind, sich für 46 Mark Herrn Carnegies naive Ratschläge zu kaufen, gegen die Reader's-Digest-Heftchen noch Niveau haben. Ich kann mir vorstellen, wie einem als Scherz-Boss zumute ist. Kompensiert man? Oder akzeptiert man die Schwerkraft des Seichten wie ein Fernsehdeppen-Direktor, der einfach alles prima findet, was eine gute Einschaltquote hat.

Ich würde mich als Scherz-Mann genieren und kompensieren und heute noch bei der Edition Tiamat anrufen. Es gibt diese Möglichkeit, den Ruf des Hauses zu retten und nicht als peinlichster Verlag des Jahres dazustehen. Hallo! Herr Bittermann? Hier Scherz Verlag. Wir sind etwas entgleist. Pardon! Selbstverständlich übernehmen wir alle Kosten des von uns blödsinnigerweise angezettelten Verfahrens. Ihr Anwalt soll uns seine Rechnung schicken. Vergessen Sie den Quatsch mit der Aufbrauchfrist. Verkaufen Sie die restlichen Exemplare Ihres Buches, wie Sie wollen. Wenn Sie wüßten, wieviel lieber mir Ihr geistreiches Sorge-dich-nicht-Buch ist als unser dröges. Wissen Sie was: Drucken Sie nach! Ich nehme Ihnen tausend Exemplare ab. Das haben Sie verdient, für den Ärger, den wir Ihnen gemacht haben. Ich verschenke Ihr Buch an Mitarbeiter des Konzerns. Eine Buchaktion sozusagen, damit die nachlesen können, mit welchem Schrott wir Geld verdienen.

kam. Dennoch durfte ich die Restexemplare nicht mehr verkaufen, was in solchen Fällen üblicherweise gestattet wird, weshalb ich den Titel in »Fürchte dich nicht, lese!« umbenannte. Eigentlich dachte ich an »Sorge dich nicht, scherze!«, aber davon riet mir mein Anwalt ab. *FAZ, taz, Tagesspiegel* und *Spiegel* berichteten ebenfalls über den Fall. *Scherz* war blamiert und gab klein bei. Was anderes blieb ihnen gar nicht übrig, denn in der Buchhandels- und Verlagsbranche war man einhellig empört, und ich erhielt zahllose Solidaritätsbekundungen. Die Edition Tiamat wurde zum ersten Mal von einer breiteren Branchenöffentlichkeit wahrgenommen.

Und dann waren auch schon 20 Jahre seit der Anmeldung des Verlags beim Gewerbeamt rum. Davon zehn Jahre seit der Wiedervereinigung, was mich veranlaßte, eine Rückschau zu halten. »It's a Zoni. Die Ossis als Belastung und Belästigung« hieß der Nachfolgeband von »Der rasende Mob« und wirbelte noch einmal nationalen Staub auf. Der Kabarettist Werner Schneyder verlor die Contenance. Er fand das Buch »blöd und zudem noch widerlich«. Zusammen mit Thomas Deichmann entstand im Herbst 1999 unter internationaler Autorenbeteiligung »Wie Dr. Joseph Fischer lernte, die Bombe zu lieben«, ein Beitrag zur Würdigung des seit dem 2. Weltkrieg ersten deutschen Angriffskriegs auf Serbien, der vom Außenminister als »Widerstand« uminterpretiert wurde. Nachdem man den

Roger Willemsen hält die Laudatio auf dem zwanzigjährigen Verlagsjubiläum 1999

Kosovo befreit hat, ist man um einen neuen Krisenherd reicher geworden. Von Wiglaf Droste sollte »Brot und Gürtelrosen« in einer Jubiläumsausgabe neu aufgelegt werden. Daraus wurde schließlich mit »Bombardiert Belgien!« ein neuer Band.

Derart gestärkt ging es ins neue Jahrtausend. Achim Greser, der zusammen mit Heribert Lenz sich in der *FAZ* einen Scherz mit *Scherz* erlaubt hatte, eröffnete mit seinen intimen Einblicken in das Leben des Führers eine weitere Sparte bei Tiamat. Die Karikaturen in »Der Führer privat« mit einem Nachwort Wiglaf Drostes, der nicht weniger präzise als Achim Greser die Lächerlichkeit Hitlers bloßstellte, wurden für ein Buch dieser Art sehr häufig besprochen. Sogar in der *Washington Post*, im *Sunday Telegraph* und auf der Homepage der *BBC* fand das Werk Beachtung. Durfte man mit diesem Thema so umgehen? Dazu wurden sogar jüdische Einrichtungen befragt. Aber klar durfte man. Achim Greser hatte Hitler als Witzfigur präsentiert, eine Dimension, die vielen verborgen geblieben war, weil sie eigentlich noch schwerer zu ertragen war als Hitler in der Rolle als Schreckensmann, denn als Witzfigur wurde seine Verehrung durch die Deutschen noch unverständlicher und noch peinlicher.

2000 landete ich einige Flops, weshalb ich im Frühjahr 2001 dringend wieder ein paar Titel brauchte, die das Finanzloch stopfen würden. Schon vor etlichen Jahren hatte ich »England's Dreaming« von Jon Savage gelesen, die definitive Geschichte der englischen Punkbewegung, für die ich seit Anfang der Achtziger, als der Punk auch nach Berlin schwappte, ein Faible hatte, denn es handelte sich um eine viel radikalere, allerdings auch nihilistischere Revolte gegen die Verhältnisse, als es die 68er Bewegung war. Nun war sie mit 25 ins Alter gekommen. Genau die richtige Gelegenheit, dieses Buch auf deutsch herauszubringen, das ich bislang als ein paar Nummern zu groß für mich eingeschätzt hatte. Mit ihm setzte ich alles auf eine Karte. Übersetzung von der Chaotin Conny Lösch, Lizenzen, Diskographie, 544 Seiten, gebunden mit Schutzumschlag. Dafür war 58 Mark nicht viel, aber es war ein Risiko, denn man konnte nicht davon ausgehen, daß der gemeine Punk soviel Geld locker machen würde. Aber es gab tatsächlich welche, die wissen wollten, wie alles anfing. Ein riesiges Projekt, das ich nur mit Hilfe des sich selbstlos für den Verlag in die Bresche werfenden Ule Will über die Bühne brachte. Marcel Vega von Tom Produkt organisierte eine Lesereise mit dem Autor und eine Kooperation mit den jeweiligen Stadt-Magazinen. Das Presseecho war aufgrund des Jahrestages überwältigend. Das Buch war über das Jubiläum hinaus ein guter Backlist-Titel, von dem es sich sogar lohnte, eine Paperback-Ausgabe zu machen.

Auf Lesereise. Hier auf dem Nürnberger Reichsparteitagsgelände

Mit Harry Rowohlt auf der Buchmesse

Danach herrschte wieder Flaute und ich brauchte eine neue Idee. Die Idee war, den begnadeten Erzähler Harry Rowohlt auf Band sprechen zu lassen, da er nach der *Zeit*-Kolumne »Pooh's Corner« keine Lust mehr hatte zu schreiben. Das Problem war, einen geeigneten Gesprächspartner zu finden. Ich fragte Gerd Henschel, aber der lehnte höflich ab. Dann fiel mir endlich die naheliegende Lösung ein: Ralf Sotscheck, denn beide verband ihre Liebe zu Irland. Ralf war sofort einverstanden. Also besuchte ich mit ihm zusammen Harry auf der Buchmesse bei *Kein & Aber*, wo er gerade stolz seine Goldene Schallplatte für 250.000 verkaufte »Pu der Bär« herumzeigte und blendende Laune hatte. Er sagte sofort zu. Es war eine Heidenarbeit, die Bänder zu transkribieren und zu bearbeiten, und wenn mir nicht fleißige Hände von Anne Siedler und Ule Will unter die Arme gegriffen hätten, würde ich womöglich heute noch an dem Buch herumbröckeln, denn weit lieber sind mir fertige Manuskripte, die sich einfach wegdrucken lassen. Außerdem gab es noch die eine oder andere Widrigkeit, die mich an den Rand eines Nervenzusammenbruchs brachte, aber dann war es fertig, und ich wußte, es war gut.

Es war sogar sehr gut. Auf der folgenden Buchmesse standen

Mit Wiglaf Droste und Fritz Eckenga vor dem taz-Gala-Abend im Schillertheater am 24. November 2001

die Verlage Schlange, um die Taschenbuch-Rechte zu bekommen. Ich versteigerte sie und es war ein schönes Dagobert-Duck-Gefühl, mit jedem Gebot wieder über Nacht um ein nicht unerhebliches Sümmchen reicher geworden zu sein. Als die Sache dann zum Abschluß kam, gab ich den beiden Autoren Bescheid. Harry befand sich gerade in Fürth und am Abend wußten dann auch die »Fäddä«, wie die Einwohner der Stadt sich selber nennen, daß er jetzt auf seine alten Tage wohl noch gezwungen sei, sich ein Motorrad zuzulegen. In Wirklichkeit hat Harry keine Probleme, sein Geld anzulegen, beispielsweise unterstützt er den notleidenden Wiener Kollegen Hermes Phettberg, wie er mir einmal verriet, als ein ordentlicher Alkoholpegel seine vornehme Zurückhaltung einen Moment außer Kraft setzte. Ich finde, das kann man ruhig mal erwähnen. Außerdem ließ er sich in meinen *Club der letzten Gerechten* im Roten Salon der Volksbühne einladen und zu diversen Gemeinschaftslesungen überreden, obwohl eine Solo-Veranstaltung weit lukrativer ist, und das fand ich ebenfalls einen überaus netten Zug an ihm. Auf diesen Lesungen erzählte er dann immer eine Geschichte über seine »vergeigten Memoiren«, derzufolge wir, also Ralf, Harry und ich, uns wegen der zahlreichen – in Wirklichkeit sehr wenigen – Fehler im Buch auf

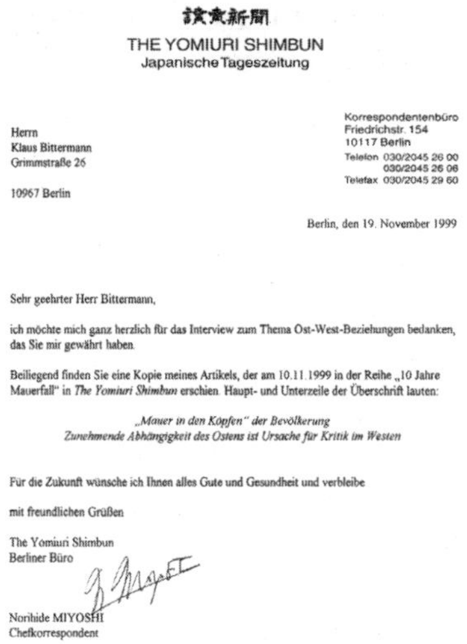

讀賣新聞
THE YOMIURI SHIMBUN
Japanische Tageszeitung

Korrespondentenbüro
Friedrichstr. 154
10117 Berlin
Telefon 030/2045 26 00
030/2045 26 06
Telefax 030/2045 29 60

Herrn
Klaus Bittermann
Grimmstraße 26

10967 Berlin

Berlin, den 19. November 1999

Sehr geehrter Herr Bittermann,

ich möchte mich ganz herzlich für das Interview zum Thema Ost-West-Beziehungen bedanken, das Sie mir gewährt haben.

Beiliegend finden Sie eine Kopie meines Artikels, der am 10.11.1999 in der Reihe „10 Jahre Mauerfall“ in *The Yomiuri Shimbun* erschien. Haupt- und Unterzeile der Überschrift lauten:

„Mauer in den Köpfen“ der Bevölkerung
Zunehmende Abhängigkeit des Ostens ist Ursache für Kritik im Westen

Für die Zukunft wünsche ich Ihnen alles Gute und Gesundheit und verbleibe

mit freundlichen Grüßen

The Yomiuri Shimbun
Berliner Büro

Norihide MIYOSHI
Chefkorrespondent

欧州「壁」消えて10年

市民に残る「心の壁」

東の"お上依存"西で批判本

ケムニッツにあるカール・マルクスの像

folgende Version geeinigt hätten. Die Bänder seien von polnischen Spargelstecherinnen transkribiert worden, und zwar in der Nachsaison, rein phonetisch. Und dafür ist es doch ganz gut.

Einen Abstecher in das überall ins Kraut schießende Sprech-CD-Geschäft machte ich auch, denn man soll schließlich keine Dummheit auslassen. Genau an meinem 50. Geburtstag im Frühjahr 2002 sprachen Wiglaf Droste und Katharina Thalbach »Das große Umlegen« von Dashiell Hammett ein. Eine wunderbare Geschichte, eine wunderbare CD, wunderbare Stimmen, und der anschließende Abend, als sich Katharina Thalbach mit drei Schnäpsen hintereinander die Kante gab und von Detlef Buck nach Hause chauffieren ließ, tröstete über den mageren Verkauf hinweg. Eigentlich sollte Hammetts Fortsetzungsgeschichte »$ 106.000 Blutgeld« auch noch erscheinen, aber darauf mußte ich aus Gründen des absehbaren Ruins verzichten.

Diesem näherte ich mich dann trotzdem, weil ich in der Folge einige Titel aus dem Englischen herausbrachte, wie Michela Wrongs exzellentes Buch über den Kongo, das einem Ryszard Kapuscinski zur Ehre gereicht hätte, und Richard Grants Reportage über amerikanische Nomaden, (beide Titel waren sehr erfolgreich auf dem englischen und amerikanischen Buchmarkt). Diese Bücher erinnerten mich daran, daß die Verlags-

Mit Franz Dobler, Joseph von Westphalen und Joe Bauer in Stuttgart auf Lesereise aus dem gleichnamigen Buch

struktur einfach nicht ausreicht, um ihnen den Erfolg zu verschaffen, den sie verdienen und unter anderen Umständen auch gehabt hätten, z.B. wenn sie in der Anderen Bibliothek erschienen wären, wo sie zweifellos auch gut hingepaßt hätten.

Beim Lunch und unter Zuhilfenahme einiger Prosecco vereinbarte ich mit Guillaume Paoli und Mila Zoufall für den Herbst 2002 ein Buch mit den Aufrufen, Manifesten und Faulheitspapieren der Glücklichen Arbeitslosen. Obwohl ich nicht an einen großen Erfolg glaubte, machte ich das Buch, weil mir die beiden auf Anhieb sympathisch waren und weil der an der situationistischen Theorie geschulte Guillaume eine wirklich erhellende und originelle Kritik der Arbeit und der Arbeitsmarktpolitik entworfen hatte. Und er verstand es, sie überzeugend zu formulieren, von einer Position aus, die allein schon für Aufregung sorgte, weil man Arbeitslosigkeit nicht gerade mit Glück assoziierte. Die Resonanz hatte ich nicht erwartet. Henryk Broder schrieb zwei Seiten im *Spiegel*, großzügig bemessene Artikel erschienen auch in *Libération*, eine Lizenz wurde nach Schweden verkauft, Sloterdijk empfahl das Buch in seiner philosophischen Faselsendung und in *Bild* wurde Guillaume als »frechster Arbeitsloser Deutschlands« dem Neid des Volkes preisgegeben.

Bis auf einen neuen Kolumnen-Band von Wiglaf über den »Infraroten Korsar«, wie er seinen kleinen Laptop und ständigen Begleiter auf Reisen zärtlich nennt, war 2003 eher desaströs, das Geld aus dem Harry-Fonds ging zur Neige, und ich muß mir mal wieder was überlegen. Dabei besteht ja das Problem nicht darin, keine Idee zu haben, sondern etwas zu finden, was den Autor und mich reich und glücklich macht. Das wird immer schwieriger. Die Krise hat den Buchhandel verspätet erreicht, bzw. die Buchhändler merkten zu spät, daß die Krise auch an ihnen nicht spurlos vorüber geht. Bei den Verlagen wird fleißig überproduziert, und damit einher geht eine neue Konzentration, die schon seit längerem daran zu erkennen ist, daß man oft nicht weiß, welcher Verlag gerade zu welchem Konzern gehört. Die Bücher unter die Leute zu kriegen, wird schwieriger, der Aufwand, den man dafür betreiben muß, größer. Wenn man weiß, daß sich von bestimmten Titeln vor wenigen Jahren noch fünf Mal soviel verkauft haben wie heute, könnte man leicht selber die Krise kriegen, weil es einfach schade ist, daß man sich bestimmte Projekte, die man gerne machen würde, abschminken muß. Und erheiternd ist es auch nicht gerade, daß nicht wenige und sehr gute Autoren, die ich kenne und mit denen ich befreundet bin, quasi am Hungertuch nagen. Es sieht jedenfalls so aus, als ob es immer weniger Leute gibt, die meine Präferenzen teilen, und immer mehr, die Bohlen, Grass, Effenberg und Walser für das non plus ultra halten. Immer mehr jedenfalls findet man die guten Bücher im Ramsch, und das ist ein schlechtes Zeichen.

Aber ich will nicht jammern. Solange ich mich mit einigermaßen vernünftigen Büchern über Wasser halten kann, hat der Job ja auch durchaus gute Seiten. Man hat mit interessanten Leuten zu tun, kann sich in die Sonne setzen und Kaffee trinken, Zeitung lesen, mittags zum Lunch gehen, ein bißchen telefonieren, lesen und schreiben. Wenn man weiß, daß der Rubel rollt, ist das ein recht angenehmer Zustand. Es gibt allerdings auch Zeiten, in denen man ein bißchen mehr zu tun hat. Ich denke, daß ich alles in allem ein ganz vernünftiges Programm zustande gebracht habe, und wenn der verrückte Büchersammler und bibliophile Armin Abmeier sagt, daß die Reihe Critica Diabolis die beste Essay-Reihe in Deutschland ist, an die auch *Suhrkamp* nicht herankommt, dann freut mich dieses Lob aus berufenen Mund, denn Armin Abmeier muß mir nichts vom Pferd erzählen. Dabei weiß ich, daß mir nicht alles gelungen ist. Der Slogan »Wir machen nur Bücher, die wir selber gerne lesen« ist Kokolores, über den Jörg Schröder und ich uns einmal ausgiebig amüsiert haben, denn ich kenne keinen Verlag, der nicht mehrere schlechte Bücher gemacht hat. Die Frage ist nur, wie schlecht. Und da bin ich durchaus stolz darauf, daß ich Ulrich Wickerts »Das Wetter«, »Die Vagina-Monologe« oder ähnlichen Ouark nicht auf dem Kerbholz habe und das Zeug aus Werbegründen auch nicht anpreisen mußte. Und das ist ja schon mal mehr als die meisten Kollegen von sich behaupten können.

Miss Trixie, die neue Mitarbeiterin des Verlags

Das Evangelium der kritischen Opportunisten
Über den Mode-Autor Botho Strauß

Christian Schultz-Gerstein

In solchen Tönen ist seit der *Blechtrommel* des Günther Grass kein deutscher Schriftsteller mehr von den Kritikern gefeiert worden wie Botho Strauß. Endlich wieder eine »Sprache, die man in der deutschen Literatur lange vermißt hat«; endlich wieder ein literarisches »Ereignis, wie in der deutschen Literatur schon lange keines mehr stattfand«; ein »Ton der Reinheit« wurde vernommen, »der in der gegenwärtigen deutschen Literatur ohne Vergleich ist«; Joachim Kaiser griff in der *Süddeutschen Zeitung* gar dem Urteil der Nachwelt vor mit der Feststellung: »Das Erscheinen dieses Buches ist ein historisches Datum.« Und der Kritiker Peter von Becker ernannte in seinem kürzlich erschienenen Buch »Der überraschte Voyeur« Botho Strauß zum Adepten Adornos, zum Verfasser der »Minima Moralia der achtziger Jahre«.

Das Neue, das Unvergleichliche haben die Literatur-Experten in dem Buch »Paare, Passanten« ausgemacht, in dem Strauß sich als erzählender Kulturphilosoph versucht. Wie aber staunt man, dann ein Buch zu lesen, das nicht nur neu und unvergleichlich, sondern in der Kultur-Moral der 50er Jahre stehengeblieben ist, als das Fernsehen und die Rockmusik noch des Teufels waren, des Menschen wahre Bestimmung aber darin lag, ein gutes Buch zu lesen und klassische Musik zu hören. Wie der selige Süsterhenn mit der Aktion »Saubere Leinwand« einst, so tritt uns jetzt Botho Strauß als Anwalt der reinen Seele mit Abitur, Allgemeinbildung und Belesenheit entgegen und kämpft den alten Kampf gegen ihre Verunreinigung durch neumodische Belanglosigkeiten. Der Ungeist des Fernsehens, die böse Reklame, die banalen Magazine – die ganze verbotene jugendgefährdende Welt des pfäffischen Bildungskleinbürgertums der Adenauer-Ära breitet Strauß noch einmal aus.

Auch wenn er nicht geradezu vor den Gefahren des

Lippenstiftes und des lasterhaften Tanzvergnügens warnt, die das Seelenheil junger Mädchen bedrohen, so ächtet er doch im schwülen Stil durchs Zölibat verhinderter Lustgreise die heutige Sexualität und Freizügigkeit. Die nämlich tut bei Strauß, was sie auch in katholischen Groschenheften immer tut: Sie verletzt das Geheimnis der Liebe, zerstört jene Sphäre, die, so Strauß in sauertöpfischer Ekstase, »die undurchdringlichste und verschlingendste des Menschen ist«. (Doch auch wieder nicht so undurchdringlich, daß Strauß nicht, hinterm phraseologischen Gebetbuch hervorlugend, sehr konkret nach den Maßstäben des sexuellen Gebrauchswertes unterscheiden könnte zwischen »Kind« und »reifem Mädchenkörper«.)

Dieses ranzige Altherren-Gerede von »Männern in den Jahren der Reife«, die backfischhaften Übertreibungen eines geistig neureichen Kulturspießers, dessen »Liebe zur Literatur« sich nicht einfach von selbst versteht, sondern sich »gleich dem Universum« ausdehnt, die kleinmütigen Oberschüler-Ressentiments gegen »fette Autopfleger sonntags am Straßenrand«, die ständige Angeberei mit der eigenen Bildung, die wahllos noch das Geräusch des TV-Zeilentransformators in das »trizein« des Homer verwandelt – all diese dumpfen Attitüden, mit denen Strauß um Aufnahme in den Kreis der geistigen Elite bettelt: Das kann es ja wohl nicht sein, was die Strauß-Enthusiasten so betört; denn dieses Dörrzeug aus dem humanistischen Herbarium ist bei Hans Carossa und in jeder Morgenandacht genausogut zu haben.

Dieses hymnische Votum des Literaturbetriebs kann nur nachvollziehen, wer das von Strauß gedankenlos verwendete Ärmelschoner-Vokabular mit Wörtern wie »für gewöhnlich«, »nachgerade« oder »mitunter« den Sternstunden der Poesie zurechnet. Und wenn bei Strauß das Meer nicht anders als in Freddys Sehnsucht-Schlagern seine »Weise« singt oder ein Wille, statt plötzlich zu erlöschen, »mit eins getilgt« erscheint, dann wird es auch nicht gerade leichter zu verstehen, wo die Literaten hier »große deutsche Prosa« entdecken. Die Ex-und-hopp-Floskeln jedenfalls, mit denen Strauß mal das »Klima von neudeutscher, kleinbürgerlicher Schlüpfrigkeit«, mal Leute vom »deutsch-wohlgelaunten Schlag« abhakt, erinnern weniger an hohe deutsche Dichtkunst als an feuilletonistische Schnellgerichte.

Zugegeben, man darf die Bibel des deutschen Literaturbetriebs nicht gar so genau lesen, darf nicht etwa stutzig werden, wenn ein Autor, der allenthalben Beziehungslosigkeit, Einsamkeit und Vereinzelung diagnostiziert, dennoch so schreibt, als wären wir alle eine große Familie, und der also weiß, was »jeder von sich selbst kennt«, woran gewisse Filmszenen »jeden von uns erinnern« und was tief drinnen »in jedem von uns« verborgen ist.

Man darf dieses Buch nicht auf die Goldwaage legen und etwa die Winzigkeit für verräterisch halten, daß Strauß bei einem seiner Nachweise, ein präziser Beobachter des Alltäglichen zu sein, einen Rheinländer authentisch Dialekt sprechen läßt, indem er ihm das zwar durch Tegtmeier überregional bekannte, aber eben nicht im Rheinland, sondern im Ruhrpott beheimatete »Woll« in den Mund legt.

Zugegeben auch, daß man nicht weiter nachforschen darf, warum Strauß die »Phrase von der Identität« und das Wort »Beziehung« »nicht mehr hören« kann, die inhaltlichen Entsprechungen im Heino-Deutsch jedoch, wo Identität »geistige Heimat« oder »lebendige Gemeinschaft«, Beziehung »Bindung« heißt, dem Leser wie Hostien auf die Zunge legt. Wer in »Paare, Passanten« einem literarisch-philosophischen Meisterwerk begegnen will, der muß schon das paradoxe Kunststück fertigbringen, sich bei dem Inhalt dieses Meisterwerks nicht lange aufzuhalten.

Die Bereitschaft zu solch blinder Gefolgschaft weckt Botho Strauß dadurch, daß er seinen Lesern ständig suggeriert, an exklusiven Wahr- und Weisheiten teilzuhaben, die weder für wahr noch für weise, sondern womöglich für reine Hochstapelei zu halten vom Autor sogleich bestraft wird mit dem Ausschluß aus dem Orden der Wissenden, die im Falle des Unglaubens als »fette Autopfleger« oder »teilnahmslose Fernsehbürger« beim menschlichen Kroppzeug landen.

Wenn Strauß in gestrenger Pose Axiome aufstellt wie etwa dieses: »Ohne Dialektik denken wir auf Anhieb dümmer; aber es muß sein: ohne sie!«, dann bleibt zwar dunkel, warum wir ohne Dialektik auf Anhieb dümmer denken und aus welchem Grund wir gar unsere Dummheit kultivieren und auf Dialektik verzichten sollten, aber eben diese dunkle Unbestimmtheit stellt den Leser vor die Wahl, sich entweder zu den Plattköpfen zu zählen, die für tiefe Philosophie zu doof sind, oder aber, das Unverständliche verstehend, zu Gefolgsleuten des Dichters zu werden. Ist man in seinen Geheimbund der erleuchteten Nachbeter eingetreten, wird man von Strauß geadelt und über die Nichtswürdigkeit derer erhoben, die nicht dazugehören und die es am besten gar nicht gäbe.

Während »wir Wenige«, wir Botho und Strauß, mit letzten Dingen wie der »Lage der Menschheit« ringen, erdreisten sich da draußen »jüngere Denker-Satiriker«, »unentwegt Naßforsches« von sich zu geben, Leute, so »dämlich«, daß Strauß sie keines Blickes würdigt, weil »man keine eleganten Fechtübungen an Vogelscheuchen macht«. Was aber macht man dann mit diesen Vogelscheuchen? Arbeitslager? Steinbruch? Publikationsverbot? Man wird sehen, fest steht nur, daß sie verschwinden müssen; denn: »Solange kein Größerer das Sagen hat, wird uns dies freche Durcheinander unterhalten.« Solche herrisch vorgetragenen, aber leeren Botschaften können nur dann einen verführerischen Reiz ausüben, wenn man ihnen huldigt als einer willkommenen Gelegenheit, ihren Hohlraum mit Inhalten zu füllen, die im eigenen Namen auszusprechen man nicht wagt.

Wer im Kulturbetrieb, deren Repräsentanten sich aufgeklärt, kritisch und immer noch irgendwie, irgendwo links gebärden, wer von ihnen würde schon auf eigene Rechnung bekennen, daß er von Aufklärung nun die Nase voll habe, man ihn mit Dialektik und linker Theorie verschonen möge, daß er im übrigen Demokratie und Gleichberechtigung für einen Anschlag auf die menschlichen »Rangordnungen« halte. Im Schutz der »großen deutschen Prosa« des Botho Strauß aber bejubelt allen voran Joachim Kaiser, daß in »Paare, Passanten« »die Herrschaft des aufklärerischen, dialektischen, geist-soziologischen Denkens abgetan, beerdigt« werde. »Vorbei die kritische Theorie«, atmet Kaiser mit der Strauß-Lektüre erleichtert auf, um sich dann das freche Durcheinander der »linken Flügelstürmer« mit ihrem »dummen Eifer« vorzuknöpfen.

Wie anbetungswürdig dagegen Strauß, der nicht die bürgerliche Prestige- und Privilegienkultur attackiert, sondern »das Fundierte, Gebildete, gesittet Kluge« hochhält, daß im »herunterdemokratisierten formlosen Gesellschaftsbewußtsein« so auf den Hund gekommen ist, daß Strauß am Ende noch dem Verlust des »äußeren Zwangs« nachtrauert, jener vordemokratischen Zeit, als Bildung noch ein Synonym für Macht und Zweifelsfreiheit war. Wenn Kaiser den Strauß schließlich auch noch dafür lobt, daß er »keineswegs unberechtigt die Rangordnungen« wiederherstelle, »über die man eben noch so schön demokratisch gleichberechtigt hinaus zu sein meinte«, dann endlich begreift man auch, warum die Literaten ein Buch so emphatisch feiern, in dem doch nur der Muff von 1000 Jahren noch einmal ausgeschwitzt wird.

Denn in der von Strauß »keineswegs unberechtigt« wiederhergestellten Rangordnung kommt der Bildung und dem, der sie hat, wieder jene statuarisch-unantastbare Geltung zu, deren Verlust die Kultur-Kommandanten seit Jahren schon einzuklagen versuchen, vor allem gegen die Jugend, die auf ihr Kommando nicht hören mag. Der Kulturphilosoph gibt es ihnen schwarz auf weiß, daß die »geistige Heimat« derer, die um »die Doxa (das Gemeinte)« wissen und die nicht gewöhnliche nostalgische Gefühle, sondern »illud tempus« im Herzen tragen, bei Kanon-Größen wie Rilke liegt, nicht »in den geschredderten Formen der Gegenwartslyrik«, nicht im jungen deutschen Film, der nur »Mangel an Wesen« dokumentiert, und schon gar nicht in der Negermusik, die aus den jugendlichen »Quadrophenia-Hirnen« deutsches Kulturgut herausgeblasen hat.

Das hat die Jugend nun davon, daß sie »kein Gramm mehr von sich selber spürt«, aber so muß es ja enden, wenn man die Schauer und Wonnen der Bildungserlebnisse nie empfangen hat, von denen Strauß wie von gefährlichen Abenteuern kündet, so ganz im alten Stil deutscher Gelehrter, die nie aus dem Bibliothekszimmer herausgekommen sind, aber dort im »Wagnis der Sprache« schweren Stürmen ausgesetzt waren. Nun hätte aber Botho Strauß nicht das Wunschkind eines Literaturbetriebs werden können, in dem man alles, nur nicht von gestern sein will, wenn er die Ladenhüter deutschen Kulturbewußtseins nicht präsentiert hätte als das geistige Eigentum kritischer Zeitgenossen, die Bescheid wissen, was in der Wirklichkeit läuft.

Punker und Leser der *tageszeitung*, Schönheiten aus dem Bräunungscenter und die »Ferienbekanntschaft im Club Méditerranée« werden en passant erwähnt; Strauß greift tief in die Beziehungskiste von Paaren, den Film »Im Reich der Sinne« hat er gesehen und Adornos »Minima Moralia«, behauptet er jedenfalls, gelesen; bei Hausbesetzer-Demonstrationen hat er mal reingeschaut, auch den Protest gegen die Neutronenhombe verfolgt; überdies kann er einen »Dark Mind« von anderen Nerzen unterscheiden, und auch islamische Revolution und ökologische Katastrophe sind ihm geläufig.

Diese Verlautbarungen des Zeitgenossen sind freilich ebenso austauschbar, weil ohne Bindung an einen Zusammenhang oder eine spezifische Person, wie die gegenteiligen Äußerungen, in denen Strauß die »Gegenwartsfreaks«, »die Menschen der Stunde« oder die »Medienmasse« abtut als »Gewalt der Belanglosigkeit«. Wenn Strauß sich etwa von der liberalisierten Sexualität tief gelangweilt zeigt, weil sie »chaoslos und angstfrei« sei, dann ist das mitnichten die Ansicht eines nach Umsturz dürstenden Kopfes. Auch da spricht nur der akkurate Buchhalter gegenwärtiger und vergangener intellektueller Moden, der in seiner Zettelkasten-Boutique eben auch psychoanalytische Quintessenzen von Wilhelm Reich und David Cooper vorrätig hat.

Kaum aber wechselt das Stichwort, da konvertiert der Karteikarten-Chaot schon wieder zur Gegenpartei des geistigen Ordnungsdienstes und verkündet: »Kaum bedarf die Literatur jetzt der Kräfte des Chaos.«

Diese Kulturphilosophie, die einfach darin besteht, daß Strauß mit derselben Unumstößlichkeit widerruft, was er gerade verkündet hat, daß er jeder Mode nachläuft, um sie anschließend als Mode zu denunzieren und sich mit seherischer Gebärde aufs Große und »Ganze, wie es wirklich ist auf der Welt« zurückzuziehen, diese Philosophie ist genau das Evangelium, das der Literaturbetrieb deshalb so inbrünstig nachbetet, weil es den Opportunismus der Saison-Denker, die noch in jeder Tendenzwende mit kritischem Bewußtsein sich mitgewendet haben, zur höheren Vernunft nonkonformer Intellektueller erklärt.

Aus: Christian Schultz-Gerstein »Rasende Mitläufer. Porträts, Essays, Reportagen, Glossen«, Berlin 1987
Critica Diabolis 14

Was heißt persönliche Verantwortung unter einer Diktatur?

Hannah Arendt

Persönliche Verantwortung muß man von politischer Verantwortung unterscheiden. Jede Regierung übernimmt die politische Verantwortung für die Taten und Untaten ihrer Vorgängerin, und jede Nation übernimmt die Verantwortung für die Taten und Untaten der Vergangenheit. Wer politische Verantwortung übernimmt, kommt irgendwann an den Punkt, an dem er sagt:

»Die Zeit ist aus den Fugen: Schmach und Gram, daß ich zur Welt, sie einzurichten kam!« (Shakespeare, Hamlet, 1/5)

Aber nicht mit dieser Form von Verantwortung möchte ich mich hier auseinandersetzen. Genau betrachtet ist es nicht persönlich, sondern metaphorisch gemeint, wenn wir sagen, daß wir uns wegen der Sünden unserer Väter oder unseres Volkes oder der Menschheit schuldig *fühlen,* das heißt für Taten und Untaten, die wir selbst nicht begangen haben. Moralisch gesehen ist es ebenso falsch, sich schuldig zu fühlen, ohne etwas Bestimmtes angerichtet zu haben, wie sich schuldlos zu fühlen, wenn man tatsächlich etwas begangen hat.

Ich habe es immer für den Inbegriff moralischer Verwirrung gehalten, daß sich im Deutschland der Nachkriegszeit diejenigen, die völlig frei von Schuld waren, gegenseitig und aller Welt versicherten, wie schuldig sie sich fühlten, wohingegen nur wenige der Verbrecher bereit waren, auch nur die geringste Spur von Reue an den Tag zu legen. Dergleichen wie kollektive Schuld oder kollektive Unschuld gibt es nicht; der Schuldbegriff macht nur Sinn, wenn er auf Individuen angewendet wird. Diese vergleichsweise einfachen Dinge sind etwas komplizierter geworden durch die Theorie des Rädchens im Getriebe, wie ich das nennen möchte. Wenn man ein politisches System beschreibt, wie es funktioniert, welche Beziehungen zwischen den verschiedenen Staatsorganen herrschen, wie die riesigen bürokratischen Apparate arbeiten und welche Befehlskanäle es gibt, dann muß man notwendigerweise von all den Personen sprechen, die das System als Funktionäre benutzt, also von Rädchen aller Art, ohne welche die Verwaltung nicht funktioniert und nicht in Gang gehalten werden kann. Jedes dieser Rädchen, also jede Person muß ersetzt werden können, ohne daß das System geändert wird; dies ist eine Voraussetzung, die allen bürokratischen Systemen, dem ganzen öffentlichen Dienst und eigentlich jeder behördlichen Tätigkeit zugrunde liegt. Dabei ist die Frage nach der persönlichen Verantwortung derer, die das ganze in Betrieb halten, von ganz untergeordneter Bedeutung. Hier stimmt in der Tat, was die Angeklagten in den Nachkriegsprozessen zur Entschuldigung vorbringen wollten: »Wenn ich es nicht getan hätte, dann eben jemand anderes.«

Als ich den Eichmann-Prozeß in Jerusalem beobachtete, spürte ich, daß der große Vorteil eines Verfahrens im Gerichtssaal darin bestand, daß in diesem Rahmen das ganze Gerede vom Rädchen im Getriebe unsinnig ist und man gezwungen wird, alle diese Fragen von einem anderen Blickwinkel aus zu betrachten. Es war natürlich voraussagbar, daß die Verteidigung in dem Sinne argumentieren würde, Eichmann sei bloß ein kleines Rädchen gewesen, – daß der Angeklagte so dachte, war wahrscheinlich, und in gewissem Maße tat er das dann auch – während der Versuch der Anklage, aus ihm das größte Rad aller Zeiten – schlimmer und wichtiger als Hitler – zu machen, kurios war, das hatte man nicht erwartet. Die Richter taten das, was richtig und angemessen war: sie verwarfen diese Auffassung ohne Wenn und Aber – und ich nebenbei gesagt auch. Denn in einem Gerichtssaal, so bemühten sich die Richter klarzustellen, wird keinem System, nicht der Geschichte, keiner historischen Tendenz, keinem »Ismus«, wie zum Beispiel dem Antisemitismus, sondern einer Person der Prozeß gemacht. Und wenn der Angeklagte zufälligerweise ein Funktionär ist, dann wird er genau deshalb angeklagt, weil ein Funktionär immer noch ein menschliches Wesen ist, und allein in dieser Eigenschaft steht er vor Gericht. Folglich lautet die Frage des Gerichts an den Angeklagten: »Haben Sie als das und das, als ein Individuum mit Namen, Geburtsdatum und Geburtsort, also identifizierbar und nicht austauschbar, das Verbrechen, dessen Sie angeklagt sind, begangen, und wenn ja, warum?« Wenn der

Angeklagte antwortet: »Das war nicht ich als Person, der das getan hat, ich hatte weder den Willen, noch die Kraft, irgendetwas aus eigener Initiative heraus zu tun, ich war bloß ein Rädchen im Getriebe und austauschbar, jeder andere hätte an meiner Stelle das gemacht; daß ich hier vor Gericht stehe, ist ein Zufall«, dann wird diese Auskunft als unwesentlich abgetan. Denn auf die Antwort hin: »Nicht ich, sondern das System, in dem ich ein Rädchen war, hat es getan« wird sofort die nächste Frage gestellt: »Und warum wurden Sie ein solches Rädchen oder blieben es unter derartigen Umständen?« Wenn man dem Angeklagten erlaubte, sich als Vertreter eines Systems schuldig oder nicht schuldig zu bekennen, würde aus ihm in der Tat ein »Sündenbock«.

Was die Gerichte in all diesen Nachkriegsprozessen verlangten ist, daß sich die Angeklagten nicht hätten an Verbrechen beteiligen dürfen, die von ihrer Regierung legalisiert wurden; und wenn man diese Nichtteilnahme als juristischen Maßstab für Recht und Unrecht einführt, dann wirft dies beträchtliche Probleme gerade im Hinblick auf die Frage der Verantwortung auf. Denn in Wahrheit war es so, daß nur diejenigen, die sich völlig vom öffentlichen Leben zurückzogen und jede Art von politischer Verantwortung ablehnten, es vermeiden konnten, in politische Verbrechen verwickelt zu werden – das heißt, sie konnten juristischer und moralischer Verantwortung dafür aus dem Weg gehen. Seit der Niederlage Nazi-Deutschlands wird eine hitzige Diskussion über moralische Fragen geführt. Und bei der Enthüllung der beispiellosen Mittäterschaft aller Schichten der offiziellen Gesellschaft an den Verbrechen, das heißt bei der Aufdeckung des vollständigen Zusammenbruchs der gängigen moralischen Maßstäbe, wurde das nachfolgende Argument in endlosen Variationen vorgebracht: »Wir, die wir heute schuldig erscheinen, sind in Wirklichkeit diejenigen, die ausgehalten haben, um Schlimmeres zu verhindern; nur diejenigen, die dabeigeblieben sind, hatten die Möglichkeit, mäßigend einzuwirken und zumindest einigen Menschen zu helfen; wir zollten dem Teufel Tribut, ohne ihm jedoch unsere Seele zu verkaufen, während jene, die nichts taten, sich vor jeder Verantwortung drückten und nur an sich und an die Rettung ihres Seelenheils dachten.« Dies Argument hätte politisch einleuchten können, wenn gleich am Anfang ein Sturz des

Hitlerregimes durchgeführt oder zumindest der Versuch dazu unternommen worden

wäre. Aber die Leute, die solche Argumente im Mund führen, waren überhaupt keine Verschwörer, nicht einmal in Gedanken. Bei ihnen handelt es sich in der Regel um jene Beamten, ohne deren Fachkenntnisse weder das Hitlerregime noch die Adenauerregierung hätten fortbestehen können.

Im Unterschied zur juristischen Verantwortlichkeit stellt sich die Frage der persönlichen oder moralischen Verantwortung nur für jene, die keine überzeugten Anhänger des Regimes waren. Aber selbst dieser einfache Sachverhalt ist völlig durcheinandergeraten, denn als schließlich der Tag der Abrechnung kam, stellte sich heraus, daß es keine überzeugten Anhänger gegeben hatte. Und das Ärgerliche daran ist, daß es sich, auch wenn es gelogen war, doch nicht einfach um eine glatte Lüge handelte. Denn so wie es diesen politisch neutralen Menschen im Anfangsstadium gegangen war, ging es den Parteimitgliedern und selbst den Eliteformationen der SS in der Endphase. Es gab im Dritten Reich nur wenige Menschen, die die späteren Verbrechen des Regimes aus vollem Herzen bejahten, dafür aber eine große Zahl, die absolut bereit waren, sie dennoch auszuführen. Und nun behauptet jeder einzelne, egal welchen Posten er hatte und was er tat, daß diejenigen, die unter irgendeinem Vorwand sich ins Privatleben zurückgezogen hatten, sich damit auf billige Weise vor der Verantwortung gedrückt hätten.

Bei ihrer moralischen Rechtfertigung hat vornehmlich das Argument des kleineren Übels eine Rolle gespielt. Wenn man mit zwei Übeln konfrontiert werde, so lautet das Argument, dann sei man verpflichtet, das kleinere von beiden zu wählen, wohingegen es unverantwortlich sei, die Wahl rundweg abzulehnen.

(Aus dem Amerikanischen von Eike Geisel)

Aus: Hannah Arendt »Nach Auschwitz. Essays und Kommentare« Bd. 1 (hrsg. von Klaus Bittermann und Eike Geisel), Berlin 1989
Critica Diabolis 21

Nachruf auf Jakob Rubinfeld

Gabriele Goettle

Die Deutschen sind meines Wissens das einzige Volk auf dem Erdball, das Autofahren in ungehemmter Geschwindigkeit gleichsetzt mit dem menschlichen Freiheitsdrang. Dementsprechend nimmt man alle Verkehrsverhältnisse sehr persönlich, reagiert empfindlich auf die Reaktionen der anderen. Hindernisse in Form von Radfahrern, Fußgängern usw. werden als feindselige Attacken gegen das natürliche Recht des Stärkeren empfunden. Aggressiv bis zum Bersten schlägt sich der Kraftfahrer durchs städtische Dickicht, ständig gefaßt darauf, daß der Gegner ihm Vorfahrt und Parkplatz raubt.

Wer einmal in Rom oder Paris zur Hauptverkehrszeit durch die Stadt fuhr, weiß, was ein Verkehrschaos ist, kann sich aber auch erinnern, wie sich mittels Flüchen und intelligenter Manöver alles gleitend wieder auflöst. Was bei uns nur unter Zuhilfenahme starker Polizeikräfte zu lösen wäre, ist dort ein tagtägliches Gesellschaftsspiel, mit dem man sich die Frustration im Stau vertreibt.

Hier bei uns fährt man mit geschlossener Scheibe und unantastbarer Lackschicht. Es gibt nichts zu lachen, wenn jemand zu nahe kommt, es ereignet sich weder ein Mienen- noch sonst ein Spiel. Da sitzt er in seinem Auto, auf seinen Sitzen in »Berliner Plüsch« oder Leder, der ekelhafte Deutsche: intolerant, kleinkariert, fanatisch und fixiert auf die Hierarchie der Modelle und Hubräume. Sie sind entscheidend fürs Vorwärtskommen. In der motorisierten Volksgemeinschaft wird jeder Paria und Kleinwagen gnadenlos geschnitten. Fußgänger gar gehören auf den Bürgersteig, der längst kein öffentlicher Platz mehr für Bürger ist, sondern Fluchtweg für all jene, die nicht mithalten können. Auf den Autobahnen dann kann sich der Fahrer endlich ungezügelt gehen lassen. Durch keine Geschwindigkeitsbegrenzung bevormundet, darf jedermann die vom Hersteller eingebaute Beschleunigung voll ausfahren. Es soll Japaner geben, die ihren Urlaub in Deutschland verbringen, nur, um sich einmal diesem zu Hause verbotenen Erlebnis ganz hingeben zu können. Bei uns ließe sich, nach Ansicht der Psychologen, eine Geschwindigkeitsbeschränkung nicht durchsetzen, ohne daß es zu Unruhen käme. Der Psychologe Bliersbach schreibt: »(...) es war interessant, als wir für die Bundesanstalt für Straßenwesen zum ersten Mal damit begannen, in zwei Motivstudien Erlebnisdimensionen bei der Teilnahme am Straßenverkehr zu untersuchen. Dabei fanden wir heraus, daß mit dem Autofahren die größte Attraktivität verbunden wurde und daß gerade das Schnellfahren eine besondere Bedeutung dabei hatte. Insofern sind für uns die Autobahnen enorm wichtig, weil sie deutlich machen, was alles so im Autofahren liegt (...) Schnellfahren ist eine der letzten Möglichkeiten, sich in unserem Leben, in unserer Gesellschaft zu erproben.« Und ein Herr Lenz von der »Bundesanstalt für Straßenwesen« sagt über die Folgen einer Geschwindigkeitsbegrenzung, sie zöge »die Einbuße an Lebensfreude oder die Beschränkung der Auslebetendenz« nach sich.

In der Tat verhält es sich aber andersherum. Gerade das Schnellfahren prädestiniert für die Einbuße an Lebensfreude. Bestenfalls durch eigenes Zerschellen an irgendeinem Brückenpfeiler, schlechtestenfalls beim Aufprall auf andere Fahrzeuge.

Im Fall von Herrn Rubinfeld, um dessen Nachruf es mir ja hier geht, hat sich der oben angedeutete Effekt realisiert. Seine »Auslebetendenz« mußte der »Lebensfreude« eines PS-starken Fahrers weichen. Das ereignete sich laut Zeitungsmeldungen folgendermaßen:

Im Oktober 1983 befand sich der Rentner Rubinfeld nachts auf der Autobahn. Er, angeblich selbst nicht mehr »sehr rüstig«, fuhr einen Polski-Fiat, der angeblich in einem noch gebrechlicheren Zustand gewesen sein soll. Diesem »Zustand von Fahrer und Fahrzeug« sollte im späteren Prozeß eine entscheidende Rolle zukommen.

Denn: Stellt schon ein Polski-Fiat an sich eine Gefährdung des Verkehrs dar, so ist ein Fiat, der weniger als 100 Stundenkilometer fährt, so gut wie geliefert. Wer sich auf einer Schnellstraße nicht in üblicher Weise fortbewegt, dann auch noch die Mittelspur benutzt, hat sich die Konsequenzen selbst zuzuschreiben.

Dieser Fiat, so heißt es in den Berichten, sei zu all dem auch

Literatur

Frank Schirrmacher

Aus dem Nachtgebet der C

Gabriele Goettles Erkundungen im Lande und andere unheimliche Berichte vom L

Das ist ein Debüt. Zugegeben: kein einwandfreies. Einige der Texte waren schon in der Tageszeitung „taz" gedruckt und also in beträchtlicher Auflage verbreitet. Auch ist die Autorin keine Anfängerin im strengen Sinne. Sie publiziert regelmäßig, wenn auch gerne an entlegener Stelle. Lange, so scheint es, hat Gabriele Goettle der Versuchung widerstanden, ihre Texte gesammelt herauszugeben. Jetzt, mit fünfundvierzig Jahren, legt sie ihre ersten beiden Bücher vor.

Man sieht gleich, daß es Gründe geben könnte, diese Autorin nicht zu kennen. Sie untersucht die Altkleiderspenden ihrer Nachbarn, belauscht ältere Damen beim Gespräch, analysiert den Inhalt von Papierkörben, überwacht Hausbewacher, erteilt sadomasochistische Theorieseminare. Dabei stürzen ihre Texte zuweilen in bodenlose Naivität, oder sie taumeln ziellos dahin, ermattet oder erschlagen vom moralischen Eifer der Autorin. Zuweilen sind sie unfreiwillig komisch, etwa wenn aus dem Vorhandensein von Heidekraut auf das Vorhandensein von Faschisten geschlossen wird. Und manchmal verhängen schlicht Vorurteile der Autorin den Blick. Man könnte die Einwände beliebig vermehren. Zieht man alles ab, was gegen dieses Debüt spricht, was bleibt dann überhaupt noch übrig?

Wenn es mit rechten Dingen zugeht, dann wird die Autorin mit diesem Werk ihren Ruhm als eine der wichtigsten literarischen Stimmen unserer Zeit begründen. Denn die „Deutschen Sitten" von Gabriele Goettle – und in anderer Weise der zugleich erscheinende Essayband „Freibank" – sind ein geradezu spektakuläres Dokument und eines der intelligentesten und spannendsten Prosawerke dieses Herbstes. Diese Texte werden mehr von der Bundesrepublik des ausgehenden Jahrhunderts bewahren als ein Großteil ihrer zeitgenössischen Literatur.

Worum es sich handelt, ist auf den er-

noch mit viel zu viel Gepäckstücken auf dem Dach »überladen« gewesen. Nun kann man sich ja leicht vorstellen, daß aus der Sicht eines Mercedesfahrers mit üppigem Stauraum ein solcher Fiat 500 immer überladen wirkt, mit oder ohne Gepäck. Immer vorausgesetzt natürlich, er sieht ihn überhaupt.

Geladen jedenfalls hatte an diesem Abend Otto Wiesheu, CDU-Politiker mit Fallschirmjägervergangenheit, und zwar: zwei Schoppen Weißwein, eine Flasche Rotwein und einen Kir Royal. Nach eigener Aussage fühlte er sich nach dem Verzehr dieser Spirituosen immer noch rüstig genug, sein Fahrzeug selbst zu steuern. In der gewohnten Geschwindigkeit eiliger Politiker raste er über die Autobahn und fuhr auf ein langsam fahrendes – für ihn quasi stehendes – Objekt auf.

Gesehen, so Wiesheu später, habe er keinerlei Fiat, dafür aber einen »schwarzen Klotz«, in den er dann hineinfuhr, so als sei es üblich, daß man zwar nicht in einen Fiat, sehr wohl aber in einen schwarzen Klotz hineinfährt.

Der polnische Jude Rubinfeld starb. Er hatte Auschwitz überlebt und wurde vierzig Jahre danach vom Volk ohne Raum doch noch eingeholt. Personifizierung des Hindernisses an sich, war er dem Herrenmenschen immer im Wege, durch falsche Geburt, den falschen Fahrzeugtyp, falsche Geschwindigkeit und Aufenthalt am falschen Ort im falschen Moment.

Das Gericht befand, er habe letztlich seinen Tod »... zu einem erheblichen Maße mitverschuldet«. Die Erheblichkeit dieses Maßes haben die Richter der Berufungsinstanz zur zentralen Begründung ihres Spruches gemacht: Otto Wiesheu habe »(...) als er, fahruntüchtig durch Alkohol, auffuhr, einen vermeidbaren Unfall verschuldet, jedoch einen Unfall unter der Grenze, oberhalb derer eine Strafaussetzung zur Bewährung möglich sei.«

Ganz klar ein Fall für die Lynchjustiz! Die Grenze, »oberhalb derer« der Tod eines Herrn Rubinfeld strafrechtsrelevant ins Gewicht fiele, wird von den Schuldigen hierzulande traditionell unterlaufen. Die Verwandlung des Geschädigten in den Schädling, der den Schaden, der ihn traf, einzig und allein selbst herbeigeführt hat, ist ebenso bekannt und erprobt.

Jedenfalls wurde nichts unterlassen, um stichhaltig nachzuweisen, daß Wiesheu das eigentliche Verkehrsopfer ist. Nicht nur wurde die Nebenklägerin durch eine finanzielle

Wiedergutmachung und die Belehrung über die Aussichtslosigkeit ihrer Sache ausgeschaltet, es wurden auch noch aufwendige Crash-Versuche zur Beweisführung veranstaltet. Der Kommentar des Sachverständigen beim Abspielen des Crash-Films soll nicht unterschlagen werden: »Gleich wird der Daimler von rechts kommen, da, Sie sehen, wie er eindringt in den Fiat ... die beiden Fahrzeuge sind voll ineinander verhakt. Da sieht man wunderbar, daß er reingeht, da schiebt er noch, dann dringt er ein. Jetzt ist die Scheibe zersplittert, er dringt voll ein.«

Der Tod des Herrn Rubinfeld hingegen hat nach dem Ermessen der Richter die Schadensgrenze nicht erreicht.

A.d.H.: Otto Wiesheu ist heute Verkehrsminister in Bayern. Offensichtlich dachte man in der CSU, daß er als Täter besonders qualifiziert für dieses Amt sei.

Aus: Gabriele Goettle »Freibank. Kultur minderer Güte amtlich geprüft«, 1991
Critica Diabolis 31

Helden und Intellektuelle[1]

Wolfgang Pohrt

Meine Damen und Herren,

seit 1989 haben sich nicht nur die Leute verändert, sondern man schaut sie auch mit anderen Augen an. Rostock und Hoyerswerda gaben in Deutschland einen Vorgeschmack auf Zustände, deren Eintreten nicht mehr ausgeschlossen werden kann. Angesichts drohender Konfrontationen aber ist es unvermeidlich, daß man heimlich Heerschau hält. Menschen, an denen man bislang nicht gezweifelt hatte, mustert man neuerdings skeptisch. Abzuschätzen gilt, wie sie sich unter schwierigeren Bedingungen verhalten würden, ob man sie dann als Verbündete werde betrachten dürfen oder nicht. Man stellt sich, diesmal nur auf die Zukunft gemünzt, die gleiche Frage, die Hannah Arendt in ihren Studien über den Nationalsozialismus häufig erörtert hat.

Die Frage lautet: Welche Menschen bleiben unter außergewöhnlichen Bedingungen normal, indem sie einen Rest an persönlicher Integrität bewahren; warum verhalten sie sich nicht so wie die anderen, die in der überwältigenden Mehrheit zu jeder Schandtat bereit sind, sogar dann, wenn ihnen die Schandtat gar nichts nützt, sie sich dadurch vielmehr selber ins Verderben stürzen. Und die Antwort ist: Man kann es eigentlich nicht begründen.

Stets sind die Helden in Hannah Arendts Werk Personen, die etwas Selbstverständliches unter außergewöhnlichen Bedingungen tun. Weder sind sie auf die Außenseiterrolle besonders vorbereitet, noch erscheinen sie dafür besonders geeignet, und Befriedigung ihres Ehrgeizes, ihrer Eitelkeit oder ihres Sendungsbewußtseins finden sie darin schon gar nicht. Sie drängen sich weder zum Abenteuer noch ans Mikrophon, sie sehnen sich auch nicht danach, ihren Namen irgendwo gedruckt zu finden. Sie mögen den ganzen Rummel nicht und wären liebend gern brave Bürger. Selbst wenn sie eine politische Überzeugung besitzen, nicht selten die falsche übrigens, spielt das in der Praxis keine Rolle. Die antisemitische Verschwörung gegen Dreyfus etwa wurde, wie Hannah Arendt schreibt, aufgedeckt von einem Mann, »der, obwohl ein guter Katholik und höherer Offizier mit allen schönen Aussichten für die Zukunft, ja sogar mit ganz einwandfreier Judenantipathie, es noch nicht zu der Einsicht gebracht hatte, daß der Zweck alle Mittel heilige, ein Mann, dessen Gewissen völlig unabhängig von sozialer Zugehörigkeit und beruflichen Ambitionen geblieben war. Dieser Mann war Picquart, und mit diesem einfachen, ruhigen, politisch ganz uninteressierten Menschen wurde der Generalstab nicht fertig.«[2]

Sie werden zugeben, meine Damen und Herren: Besonders groß ist die Wahrscheinlichkeit nicht, daß wir eine solche Person auf diesem Symposion treffen. Die Chancen stehen sogar eher schlecht, und zwar aus vielen Gründen. Einer davon ist, daß Intellektuelle gerade dann die Dinge unnötig komplizieren, wenn sie leider furchtbar einfach geworden sind. Die Wenigen, die es unter den Nazis ausdrücklich ablehnten, sich an der Verfolgung und Ermordung der Juden zu beteiligen, hätten über ihre Beweggründe keinen längeren Vortrag halten können, weil sie nur einen einzigen hatten. Sie verweigerten, wie Hannah Arendt schreibt, ihre Beteiligung an dem Morden, »weil sie nicht willens waren, mit einem Mörder zusammenzuleben – mit sich selbst.«

Dies ist ein Gedanke, für den man keine zehn Jahre Gymnasium absitzen braucht. Eher ist es so, daß geistig durchtrainierte Menschen ihn aus ihrem Kopf verbannen können, weil sie die trickreicheren Erfinder von Ausflüchten sind, routinierte Selbstbetrüger.

Nehmen wir mal an, da steht so ein armer Teufel, meinetwegen Zigeuner aus Rumänien, mit seiner Frau und seinen schmutzigen, verlausten, hungrigen, frierenden Kindern an der Grenze. Er will hinein. Läßt man ihn, wird man ihn zwar ernähren müssen, bleibt aber dafür ein anständiger Mensch. Läßt man ihn nicht, kann man sich zwar selber mästen, ist dafür aber auch ein Schwein.

Schwein oder Nicht-Schwein: Vor dieser elementaren Frage stehen einfach denkende Leute manchmal, Intellektuelle nie. Sie bleiben immer gute Menschen, weil sie fähig sind, das

Grundsätzliche und die Folgen zu bedenken. Wenn man die Zigeunerfamilie nun reinließe: Hieße das nicht, sie ihrer Kultur entfremden? Liefe dies nicht auf Nachgiebigkeit hinaus gegenüber den rumänischen Rassisten? Wäre es nicht besser, die Ursachen der Flucht in den Herkunftsländern zu bekämpfen? Ließe man einen armen Teufel rein, würden dann nicht alle kommen wollen? Muß unsere Solidarität nicht eher den Allerschwächsten gelten, denen, die gar nicht mehr die Kraft haben, sich bis an unsere Grenze zu schleppen? Ist die Ankunft immer neuer Flüchtlinge nicht Wasser auf die Mühlen der Faschisten hier? Wäre es nicht geradezu verantwortungslos, nach den Erfahrungen von 1933 die Demokratie aufs Spiel zu setzen?

Dergleichen Ausflüchte, die Ihnen aus der aktuellen Debatte bekannt sein dürften, schützen die Intellektuellen davor, die Notwendigkeit einer anderen Urteilsbildung zu erkennen. Sie erfordert, Hannah Arendt zufolge »keine hochentwickelte Intelligenz oder ein äußerst differenziertes Moralverständnis, sondern schlicht die Gewohnheit, ausdrücklich mit sich selber zusammenzuleben, das heißt, sich in jenem stillen Zwiegespräch zwischen mir und meinem Selbst zu befinden, welches wir seit Sokrates und Plato gewöhnlich als Denken bezeichnen. Obwohl sie allem Philosophieren zugrunde liegt, ist diese Art des Denkens nicht fachorientiert und handelt nicht von theoretischen Fragen. Die Trennungslinie zwischen denen, die urteilen, und denen, die sich kein Urteil bilden, verläuft quer zu allen sozialen Unterschieden, quer zu allen Unterschieden in Kultur und Bildung. In dieser Hinsicht kann uns der totale Zusammenbruch der ehrenwerten Gesellschaft während des Hitlerregimes lehren, daß es sich bei denen, auf die unter Umständen Verlaß ist, nicht um jene handelt, denen Werte lieb und teuer sind und die an moralischen Normen und Maßstäben festhalten; man weiß jetzt, daß sich dies alles über Nacht ändern kann, und was dann davon noch übrig bleibt, ist die Gewohnheit, an irgendwas festzuhalten.«[3]

Mit der Gewohnheit, an irgendwas festzuhalten, nach jedem Strohhalm zu greifen, stehen die Intellektuellen zwar nicht allein, aber sie unterscheiden sich auch nicht von der Masse. Dort ist es üblich, daß man sich auf die Herkunft zu besinnen beginnt in genau dem Moment, wo Landkarten, Berufsabschlüsse, Sparguthaben, Bibliotheksbestände, Reisepässe, Rentenansprüche ihren Wert verlieren. Im Widerspruch zur Erfahrung, die jeder macht – daß nämlich keine Vergangenheit mehr zählt, nicht mal die kurz zurückliegende bessere eigene –, versteifen die Menschen sich auf die Idee, sie wären in der Geschichte tief verwurzelt. Weil sie die Nachkommen dauerhafter Vorfahren seien, Erben einer alten Zivilisation beispielsweise, hätten sie auch eine Zukunft.

Aus keinem anderen Grund pflegen auch die Intellektuellen in Krisenzeiten ihre Sorte Ahnenkult. Der Stammbaum, mit dem man sich ausstaffiert, wenn man bedeutende Figuren der Vergangenheit als seine geistigen Vorfahren betrachtet, wie wir dies hier mit Hannah Arendt tun, soll an den Glanz besserer Tage erinnern. So trübe, wie es scheint, heißt die Botschaft, kann ein Verein doch gar nicht sein, welcher Hannah Arendt zu seinen Mitgliedern zählen darf.

Die tröstliche Illusion wird gebraucht, um einen besonders bitteren Sachverhalt zu überzuckern. Zwar fühlt sich jeder, als ob ihm der Teppich unter den Füßen weggezogen würde, und manche – wir eher nicht – werden wirklich obdachlos. Bei den Intellektuellen aber kommt hinzu, daß sie ihre Existenzberechtigung verlieren, wenn bloß die jeweiligen Fakten zählen und das geschriebene oder gesprochene Wort nichts gilt. Noch schlimmer ist, daß sie aus großer Höhe sehr tief stürzen.

Ganz nahe schienen sie der Macht, im Jahr 1988 etwa, als ein Berliner Schriftstellerkongreß unter dem Titel »Ein Traum von Europa« lief. Györgyi Konrad, Peter Schneider, Gojko Djogo und viele andere träumten damals den gleichen Traum, den Gorbatschow und Kohl wenig später wahr werden ließen. Nun aber, da ihr Wunsch in Erfüllung ging, entpuppen die Träumer sich als Spinner. Ihr hochtrabendes Geschwafel mag keiner mehr, zumal sie selber sich davon meist schneller wieder distanzieren, als das Publikum mit dem Lesen nachkommen kann. Ganz fern sind sie nun der Macht.

Tatsache nämlich ist, daß sogar Gesetzestexte, Vertragstexte, Parteiprogramme nur noch bedingt verbindlich sind. Stets findet sich ein unvorhergesehener Notstand, welcher den Bruch getroffener Vereinbarungen entschuldigt. Wenn aber selbst die Machthaber nicht an ihr eigenes Wort gebunden sind und stattdessen daherfabulieren dürfen, wie es früher das Vorrecht der Machtlosen war, bedeutet dies, daß Worte prinzipiell keine

Konsequenzen haben. Damit vergeht der Schein, die Worte würden aus eigener Machtvollkommenheit die Wirklichkeit beherrschen. Richten sie aber in der Wirklichkeit nichts aus, so ist ihr Gebrauch beliebig. Die Sphäre der Ideen hat sich vollkommen von der Realität gelöst, sie führt neben ihr ein irres Eigenleben. Man kommt sich darin vor wie in einem Auto mit kaputter Kupplung. Den Motor hochzujagen verursacht nur Radau. Sonst rührt sich nichts, nicht mal Widerstand.

Vielleicht aus dem Wunsch heraus, den verlorenen Kontakt zur Wirklichkeit wiederherzustellen, hat man sich jetzt auf Hannah Arendt als eine Art Heilmittel gegen Realitätsverlust besonnen. Nur findet man oft die Distanz, wenn man die Nähe sucht. Man wird kein Feinschmecker, wenn man einen solchen bewundert, weil der nämlich statt der Kollegen gutes Essen schätzt. Je mehr der Referent von Hannah Arendt spricht, desto größer wird die Gefahr, daß er nicht ihr ähnelt, sondern jener *Tante Polly*, die in Mark Twains *Tom Sawyer* das Rezept für den werkbezogenen Festvortrag erfand: Solide Zitate und ein »dünner Mörtel eigener Gedanken«.[4]

Hier kommen Leute von weither zusammen, um einander geschriebene Texte vorzutragen, obgleich die Post funktioniert und jeder lesen kann. Der Aufwand suggeriert Bedeutsamkeit, die Degradierten spielen »geschäftsreisender Bildungsbürger«. Sie kommen sich wichtig vor, denn sie haben Auftritte und Termine. Ein Außenstehender, der dies Zeremoniell verfolgt, muß den gleichen Eindruck gewinnen, den Hannah Arendt bei ihrem Besuch in Deutschland 1950 gewann, als sie bemerkte, daß die Menschen inmitten der Ruinen einander nicht nur dauernd Ansichtskarten schrieben, sondern daß diese Ansichtskarten obendrein auch noch die »Kirchen und Marktplätze, die öffentlichen Gebäude und Brücken« zeigten, die es gar nicht mehr gab. Im Unterschied zu damals ist es heute nur so, daß Leute statt des Verschwindens der vertrauten Umgebung ihr eigenes Verschwinden nicht bemerken.

Das ständige Bemühen, den Schein zu wahren, kostet Kräfte. Deshalb wirkt alles leicht gezwungen. Warum, könnte angesichts der Themenliste einer stöhnen, schon wieder dieser abgekaute Eichmann. Warum schon wieder Intellektuelle, Antisemitismus, Schriftsteller, NS-System und KZ. Und warum das ausgerechnet jetzt.

Zwar schrieb auch Hannah Arendt keine lustigen Bücher, und von erfreulichen Dingen handeln sie in der Regel nicht. Trotzdem liest man sie gern, man kann sie mehrmals lesen, und manche kann man sogar wie gute Krimis verschlingen. Neben uns, die wir uns hier so rührend, aber auch ein bißchen zäh um Hannah Arendt kümmern, ohne daß man so recht weiß, warum, wirkt Hannah Arendt selber nicht wie eine Intellektuelle. Mir kommt sie, wenn ich ihre Arbeit mit der unsrigen vergleiche, so unbeschwert, um nicht zu sagen fröhlich vor, und dabei zugleich so geistesgegenwärtig, wie etwa die komischen Helden aus Hitchcocks *Eine Dame verschwindet*. Sicher kennen Sie die beiden: Kein Problembewußtsein, kein politisches Engagement, kein theoretisches Interesse. Im Kopf bloß Kricket. Sie sitzen im tiefsten Balkan fest und hängen wegen der Londoner Spielergebnisse dauernd am Telefon. Was um sie herum geschieht, ignorieren sie völlig. Im Augenblick der Konfrontation aber denken sie keine Sekunde daran, mit den Faschisten zu verhandeln. Stattdessen schießen sie zurück, und sie treffen.

Werfen wir nun einen Blick in den Spiegel, betrachten wir die Intellektuellen. Zwanzig Jahre lang pflegen sie aufopfernd ihre Sorgen, zwanzig Jahre lang lamentieren sie: Engagieren, kritisieren, solidarisieren, radikalisieren, Widerstand leisten, das Übel an der Wurzel fassen, den Anfängen wehren, niemals Auschwitz vergessen. So martern sie einander in offenen Briefen und geschlossenen Veranstaltungen, bei der Abschlußkundgebung und in der Podiumsdiskussion.

Dann tauchen rechtsradikale Schlägerbanden auf, grölen »Deutschland den Deutschen«, heben den Arm zum Hitlergruß, zünden Asylbewerberheime an, prügeln Ausländer zu Krüppeln, bringen Farbige auf offener Straße um, werden von der Bevölkerung bejubelt, von der Polizei laufengelassen, von der Justiz freigesprochen. Das geschieht nicht paar mal, sondern seit der Wiedervereinigung und bis zum Urteil im Mölln-Prozeß Anfang Dezember 1993 dauernd.

Hören wir wieder die Intellektuellen: Gelassenheit zeigen, Ruhe bewahren, Verständnis aufbringen, die Ursachen erforschen, Pauschalurteile zurückweisen, Übertreibungen vermeiden, um Differenzierung bemüht sein, den Dialog suchen, Konflikte entschärfen, keinen ausgrenzen, mehr Zuwendung schenken, die Betreuung verbessern, die soziale Lage bedenken, familiäre Probleme nicht vergessen. Rund 20 Jahre lang hatten die Intellektuellen also den Antifaschismus zentnerweise gebuckelt. Sie sahen dabei wie diese Soldaten aus, die dermaßen mit Marschverpflegung und Schießgerät bepackt sind, daß man sich wundert, wie sie überhaupt noch laufen können. Und dann, bei erster Gelegenheit, wo das Gepäck einmal nützlich gewesen wäre, warfen sie es weg.

Die Konsequenz solcher Kollektivblamagen ist stets, daß die Beteiligten bestimmte Teile der Realität tabuieren. Man überspielt die Leerstelle, indem man sehr intensiv von anderem spricht, und eben dies, fürchte ich, tut man hier. Nichts gegen jedes einzelne der Referate, aber es verwundert doch, wenn fast alle Titel – meiner selbstverständlich eingeschlossen – so zeitlos sind, daß sie auch vor 20 oder 30 Jahren hätten verwendet werden können. Aus der kompletten Themenliste muß das Publikum den Eindruck gewinnen, mit der Gegenwart habe Hannah Arendt unmittelbar nur sehr wenig zu tun, und ihr Werk ginge hauptsächlich Leute etwas an, die sich für die Welt so wenig zu interessieren scheinen, wie umgekehrt die Welt sich für sie nicht sonderlich interessiert: SchriftstellerInnen, GesellschaftswissenschaftlerInnen, NS-Forscher, KZ-Experten, etc.

Tatsache ist demgegenüber, daß man Hannah Arendt dem Publikum nur empfehlen kann, während schwer zu sagen ist, was die Intellektuellen mit ihr noch anfangen sollen. Sie haben nämlich die Nutzung ihres Werks in genau dem Moment unterlassen, wo aus einer solchen Unterlassung folgt, daß man die Bücher auf den Müll tragen kann. Solange die Sonne scheint, schmeißt man einen Regenschirm nicht weg. Man schmeißt ihn weg, wenn es gießt und sich dabei erweist, daß man ihn aus Blödheit oder Kraftlosigkeit nicht aufspannen kann. Analog dazu haben die vergangenen vier Jahre bewiesen, daß neben Marx, dem es ähnlich erging, auch Hannah Arendt überflüssig ist, jedenfalls für die Intellektuellen.

*

Seit rund vier Jahren nämlich hätte, wer Hannah Arendt kennt und schätzt, die Öffentlichkeit mit Hannah Arendt nerven müssen. Man nervt die Öffentlichkeit – oder Freunde und Bekannte

– mit einem Autor, wenn man aus gegebenem Anlaß ständig auf bestimmte Stellen seines Werks verweist. Nicht etwa aus fanatischem Glauben an diesen Autor, aus missionarischem Eifer oder aus Bekennerdrang, sondern weil Texte, die lange Zeit unbestritten gewesen sind, eine Art Referenz darstellen. »Schaut doch im Duden nach, da steht es schwarz auf weiß«, würde man beispielsweise dauernd sagen wollen, wenn alle Welt sich plötzlich zu der Behauptung verstiege, Schnee schriebe man mit einem ä, und das sei schon immer so gewesen. Der Hinweis auf den Duden nimmt beschwörende Form an, weil man sich der Tatsache zu vergewissern sucht, daß man nicht selber dem Wahnsinn verfiel, wie es angesichts der Mehrheitsverhältnisse scheinen könnte.

»Wie Hannah Arendt schon in den *Elementen und Ursprüngen totaler Herrschaft* bewies«, hätte analog dazu in den vergangenen vier Jahren eine bis zum Überdruß wiederholte Redewendung lauten können. Denn nicht nur vertrat plötzlich alle Welt die Meinung, der Separatismus machthungriger regionaler Cliquen im zerfallenden Ostblock entspringe einem legitimen Streben nach nationaler Unabhängigkeit, und sein Ergebnis werde ein Ensemble moderner Nationalstaaten sein, friedlich nach außen und demokratisch im Innern. Sondern obendrein wurde diese Meinung mit einer bedenkenlosen Selbstverständlichkeit vertreten, ohne jeden Versuch einer vernünftigen Begründung, gerade so, als habe nie eine andere Meinung existiert. Weil die Verstocktheit den Aufklärer zu gebetsmühlenhaftem Verhalten zwingt, hätte man erwarten dürfen, daß sich im Standardrepertoire der öffentlichen Diskussion eine Litanei etabliert, die etwa diesen Wortlaut hätte haben können:

Wie Hannah Arendt schon in den *Elementen und Ursprüngen totaler Herrschaft* und anderswo bewies, sind auf dem Balkan und in Osteuropa moderne Nationalstaaten nicht möglich. Die setzen mindestens voraus, daß die designierten Staatsvölker zusammenhängende und daher gegeneinander abgrenzbare Territorien bewohnen. In Osteuropa, auf dem Balkan oder im Baltikum aber tun sie das bekanntlich nicht, sie siedeln bunt durcheinander. Das völkische Prinzip, die Forderung »*ein Volk, eine Nation*« ist deshalb nicht in Übereinstimmung zu bringen mit dem Territorialprinzip, also mit der Forderung »*eine Nation, ein Staat*«.

Opfer kostet der Nationalstaat überall, weil die Einheit partikularer Gemeinwesen nicht auf Vernunft, sondern auf Gewalt beruht. In Frankreich, nicht in Bosnien meldete der gegen die aufständische Vendée losgeschickte General Anfang Dezember 1793 dem Konvent, er habe befehlsgemäß »die Kinder unter den Hufen der Pferde zerstampft und die Frauen massakriert« und brauche sich »nicht vorwerfen, auch nur einen Gefangenen gemacht zu haben.«[5] Zehntausende kamen damals um, die Millionengrenze war um 1920 erreicht, als die Türkei gebildet wurde, die Folgen der späten Einigung Deutschlands unter der Parole »*Ein Volk, ein Staat, ein Führer*« sind bekannt.

Bekannt ist auch, daß unter den zivilisierten Staaten der Frieden länger hielt, weil Weltkriege gründlich vorbereitet werden wollen. Während das lange Warten auf das dicke Ende hier den Anschein erweckt, die Nation sei eine Sache und der Krieg eine andere, sorgen auf dem Balkan die verschachtelten Besiedlungsverhältnisse dafür, daß die Leute gleich reinen Wein eingeschenkt bekommen. Keiner sah dies genauer als Hannah Arendt, die über die Folgen schrieb, welche der Zusammenbruch der Habsburger Monarchie und des osmanischen Reiches hatte:

»Nach dem Untergang der beiden Nationalitätenstaaten, deren zentralisierende Bürokratien den Gürtel der gemischten Bevölkerungen halbwegs zusammengehalten und dem dort aufgespeicherten Haß als ein auch wieder alle einigendes Zentrum gedient hatten, trat die Nationalitätenfrage des Ostens und Südens Europas zum ersten Male in das Zentrum europäischer Politik. Damit aber trat der Völkerhaß in Europa selbst in ein neues Stadium. Denn hier war jeder gegen jeden und vor allem gegen seinen Nachbarn, die Slowaken gegen die Tschechen, die Ungarn gegen die Slowaken, die Kroaten gegen die Serben, die Ukrainer gegen die Polen, die Polen gegen die Juden – und so fort in einer unendlichen Variation, die nur von der Zahl der durcheinander siedelnden Völker und Volkssplitter begrenzt war. Selbst die Friedensverträge, welche die Nationalitäten in Staatsvölker und Minderheiten aufteilten, haben in dieses Chaos gegenseitigen Hasses keine Ordnung bringen können. Die Minderheiten haßten zwar die Staatsvölker; aber dies hinderte sie nicht, die anderen Minderheiten des gleichen Gebiets genauso zu hassen und nach Möglichkeit zu verfolgen.«[6]

Ein ganzes Bündel guter Argumente hätten also mit Hannah Arendts Werk vertraute Intellektuelle gehabt, seit 1989 jede Form von völkischer Sezession im ehemaligen Ostblock anzuprangern, ganz gleich, ob nun in Litauen, Tschetschenien oder der Tschechoslowakei. Dies umso mehr, als das schäbige Bild, welches der Nationalstaat nach dem ersten Weltkrieg im Osten und auf dem Balkan bot, die Massen auch in Westeuropa empfänglich für internationalistische Bewegungen machte, von denen eine, wie Hannah Arendt zeigte, der Faschismus war. Denn heute ist eine ähnliche Entwicklung denkbar, weil der Auftrieb, welchen der Nationalismus durch den Zusammenbruch der Blöcke bekam, nur mit dem Ruin der Nationalstaaten enden kann. In ihrem 1945 erschienenen Artikel *Antisemitismus und faschistische Internationale* äußerte Hannah Arendt bereits den Verdacht, es werde sich vielleicht einmal, wenn die Nationalstaaten abgewirtschaftet hätten, als »Vorteil für die Nazis erweisen, überall in Europa auf einmal operieren zu können, ohne an ein bestimmtes Land gebunden und auf eine bestimmte Regierung angewiesen zu sein. Da sie sich nicht mehr um das Wohl und Wehe einer Nation sorgen, könnten sie sich um so rascher das Erscheinungsbild einer genuin europäischen Bewegung zulegen. Es besteht die Gefahr, daß der Nazismus sich erfolgreich als Erbe der europäischen Widerstandsbewegungen ausgeben könnte, wenn er deren Slogan von einer europäischen Föderation übernimmt und für seine eigenen Zwecke ausbeutet. Man sollte nicht vergessen, daß der Slogan von einem Vereinten Europa sich sogar dann als erfolgreichste Propagandawaffe der Nazis erwies, als unmißverständlich klar war, daß es sich dabei nur um ein von den Deutschen beherrschtes Europa handeln würde.«[7]

Schaut man sich unter diesem Blickwinkel die Europapolitik Deutschlands an und die auf deutschen Druck hin zustande gekommene Jugoslawienpolitik Europas, so findet man weitere Parallelen. Das Schlagwort vom »Bollwerk Europa«, das sich gegen anrennende Massen von Hungerflüchtlingen verteidigen müsse, paßt gut zum neuerdings wieder in Mode gekommenen Gerede von der abendländischen Kultur, und beide Motive wurden schon von der NS-Propaganda variiert. Es besteht ein Zusammenhang zwischen Umzingelungswahn, Invasionsfurcht, begründeten Abstiegsängsten, tatsächlichem Verlust an ökonomischer Bedeutung wie politischer Macht und permanent steigenden Arbeitslosenzahlen einerseits, andererseits aber imperialen Bestrebungen, wie sie etwa gipfeln in der Idee, überall die Menschenrechte per Gewalt durchzusetzen.[8]

Während 1933 die destruktive Energie, die frei wird, wenn gesellschaftliche Gebilde sich zersetzen, vor allem aus Deutschland kam, scheint heute ganz Europa ein einziger Reaktor zu sein, dessen Kühlung nicht mehr richtig funktioniert. Es deutet auf schwere Schäden hin, wenn die französische Regierung, durchaus im Einklang mit der gesamteuropäischen und von den Intellektuellen geforderten Kulturpolitik,[9] den Sendern Quoten vorgibt, welche das Publikum zum Anhören einheimischer Schlager zwingen. Im Prinzip nicht anders verhielt sich die katholische Kirche, als sie aus innerer Schwäche zum Terror und zum organisierten Mord überging.

*

Vier Jahre lang hätte man also, unter Berufung auf Hannah Arendt, wenigstens versuchen können, die äußerst dubiose Entwicklung zu kritisieren, die in der Unterstützung des Westens für tendenziell faschistische Separatistenregimes im Osten und auf dem Balkan nur ihren krassesten Ausdruck fand. Nicht unbedingt die Welt, aber vielleicht sich selbst – also das Vertrauen in die eigene Integrität – hätten die Intellektuellen damit gerettet.

Bekanntlich geschah das genaue Gegenteil. Nicht nur einen Kinkel gelüstete es danach, »die Serben in die Knie zu zwingen«, sondern seit rund vier Jahren träumen auch maßgebliche Teile der Intellektuellen davon, den Afghanen, Kroaten, Bosniaken, Kurden oder sonstwem beizustehen im Kampf gegen eine Fremdherrschaft, welche die verrohten Völker im Regelfall nur daran gehindert hatte, in mordende Sippen und Banden zu zerfallen. Von unwiderstehlicher Anziehungskraft scheint für die Intellektuellen jeder Kitsch zu sein, den sie angeblich für ein völkisches Erwachen halten. Auch sie scheinen große destruktive Energien zu entwickeln, denn statt sich wenigstens angeekelt abzuwenden von der blutigen Operette auf dem Balkan, feuerten sie die Banden noch an, indem sie für die jeweils übelste Partei ergriffen.

Dies sind die Fakten, und sie führen dazu, daß Zusammenkünfte Intellektueller nicht mal mehr wie diese Familienfeiern wirken, wo heikle Themen ausgeklammert bleiben müssen, weil deren Erwähnung die Illusion von Harmonie zum Einsturz brächte, auf welcher der familiäre Zusammenhalt basiert. Eher ist schon die nächste Stufe erreicht, wo man aus reiner Gleichgültigkeit nicht mehr streitet. Man weiß nicht recht, worüber man reden soll, obgleich an aktuellen Themen kein Mangel wäre. Ersatzweise spricht man, wie hier, noch mal die alten durch, und unter allen möglichen Fehlern ist dies sogar noch der geringste.

Man lieferte nur einen weiteren Beweis dafür, daß mit Intellektuellen nicht zu reden lohnt, wenn man die unterlassene Kritik jetzt dergestalt nachholen würde, daß man nun händeringend vor den Gefahren des gleichen Nationalismus warnt, den man zuvor bejubelt oder ignoriert hatte. Wer zu Vaclav Havel schwieg, dem habgierigen und machthungrigen Dichterpräsidenten, besitzt kein Recht, sich über einen Schirinowski zu empören. Zumindest wirkt er dabei nicht sonderlich überzeugend. Inzwischen ist das Schmierenstück nämlich gelaufen, und die Claqueure sind wieder mal bemüht, durch erneutes Umdenken ihre Blamage vergessen zu machen. Der ganze Osten stellt sich mittlerweile dar als ein Gebiet, wo Grausamkeit, Elend, und Gesetzlosigkeit herrschen, die Zerstückelung Jugoslawiens hat zu einer weit über den Balkan hinausreichenden Vereinheitlichung geführt. Schemenhaft zeichnet sich in der Presse schon ab, wie die eben noch mit fanatischem Eifer auseinandergepusselten Serben, Kroaten, Ukrainer, Weißrussen etc. wieder zu einem gemeinsamen Bild verschmelzen, dem vom slawischen Untermenschen.

*

Es klingt, als wäre es heute geschrieben, und als wäre es speziell auf die Intellektuellen gemünzt, wenn man bei Hannah Arendt liest: »Was moderne Menschen so leicht in die totalitären Bewegungen jagt und sie so gut vorbereitet für die totalitäre Herrschaft, ist die allenthalben zunehmende Verlassenheit. Es ist, als breche alles was Menschen miteinander verbindet, in der Krise zusammen, so daß jeder von jedem verlassen und auf nichts mehr Verlaß ist.«[10] Hinzufügen ließe sich nur, daß die Intellektuellen von keinem so sehr verlassen worden sind als von sich selbst.

Und zu ergänzen wäre, daß die Verlassenheit stets im Maße zunimmt, wie die Einzelnen sich in fiktiv gewordene Zusammenhänge flüchten und auch noch glauben, solche völkischen oder berufsständischen Zusammenhänge verteidigen zu müssen.

Besonders die Intellektuellen neigen zu dieser »hartnäckigen und gelegentlich brutalen Weigerung, sich dem tatsächlich Geschehenen zu stellen und sich damit abzufinden«,[11] wie Hannah Arendt über das Versenden von Ansichtskarten mit aus der Realität verschwundenen Motiven schrieb, und ich möchte Ihnen das an ein paar Beispielen zeigen.

So muttchenhaft die von Berufs wegen eher zur Bosheit neigenden Intellektuellen hinsichtlich der Frage geworden sind, wie rechtsradikale Mörderbanden zu beurteilen seien, so giftig reagieren sie immer noch, wenn sich das Kollektiv in seiner Eitelkeit verletzt fühlt. »Warum«, hat neulich in einem Interview Pierre Bourdieu geschäumt, »liest fast niemand unsere Texte«?

Schuld daran sei, so Bourdieu weiter, die »Verdrängung der Künstler, Schriftsteller und Gelehrten aus der öffentlichen Debatte«. Zwecks Gegenwehr schlägt Bourdieu (*taz* vom 20.11. 1993) die Aufstellung einer Elitetruppe vor, er nennt sie die »*Internationale der Intellektuellen*«. Seine Hoffnung ist, »daß es uns gelingen wird, die wichtigsten Köpfe aller Disziplinen zu vereinen, also nicht nur Schriftsteller, sondern auch Philosophen, Künstler und Wissenschaftler, um gemeinsam auf konkrete Probleme reagieren zu können, um in Jugoslawien, Haiti, und Algerien, im Iran und in der Türkei eingreifen zu können.«

Schon in der Denkweise drückt die Verhärtung einer Kaste sich aus, welche der Wahrnehmung eigener Interessen jede Selbstreflexion opfert,[12] seit sie um ihre Privilegien fürchten muß. Dem primitiven Auserwähltheitsglauben an »die wichtigsten Köpfe aller Disziplinen« entspricht der Wille, weltweit eingreifen zu können. Vom Mittleren Osten bis Nordafrika, von der Karibik bis zum Balkan – das ist nicht mehr Hitler, auch ein gekränkter Intellektueller übrigens, sondern schon die Hitler-

Parodie, Charlie Chaplin nämlich, wie er in *Der große Diktator* tänzelnd mit dem aufgepumpten Riesenglobus jongliert.

Nur extrem hohe Ziele können solchem Größenwahn als Rechtfertigung dienen. Meist nennen die Intellektuellen die Menschenrechte, deren Verletzung nirgends geduldet werden dürfe. Es gelte, die Werte der abendländischen Zivilisation zu retten, und deren Inbegriff sei die Humanität. Was gegen die Humanität verstoße, müsse folglich unterbunden werden, zur Not mit Gewalt. Dies schulde man – noblesse oblige – der eigenen Tradition, als Intellektueller und als Europäer.

Nun hat die europäische Tradition allerdings auch ihre Schattenseiten, aber umso besser kann man die Herkunft als Verpflichtung begreifen. Im Juni 1982, während des Libanonkriegs, forderten die Grünen im niedersächsischen Landtag den Ministerpräsidenten dazu auf, »alle Möglichkeiten auszuschöpfen, die geeignet sind, einen Stillstand der israelischen Aktionen zu bewirken«. Die Begründung hieß: »Wir sind der Meinung, daß wir Deutschen eine besondere Verantwortung haben, wenn es darum geht, Praktiken einer Ausrottungspolitik verhindern zu helfen.«[13]

Stets ist die Interventionsforderung mit dem pathetischen Bekenntnis zur eigenen Herkunft gekoppelt. Aus der Herkunft, egal, welcher, ob man Unrecht nun begangen oder erlitten hat, leitet sich immer eine besondere Verantwortung ab, und Verantwortung ist immer ein anderer Name für Machtansprüche. Eben noch »Wir Deutschen«, und jetzt:

»Weil ich Jude bin« – Alain Finkielkrauts dem *Spiegel* (43/1993) genannte Begründung, warum er zu den engagiertesten Verfechtern einer westlichen Intervention gegen Serbien gehöre. Da wundert sich der Laie, weil es eigentlich Kroatiens Tudjman war, der im Wahlkampf 1990 häufig verkündet hatte: »Ich bin stolz und glücklich, daß meine Frau keine Jüdin und keine Serbin ist.« In Tudjmans 1989 erschienenem Buch *Irrwege der historischen Realität* hieß es ferner: »Die Zahl von 6 Millionen jüdischer Opfer fußt auf übertriebenen und emotionalen Aussagen, die einer Abrechnung wegen abgegeben worden sind.« Deshalb hat Israel übrigens Kroatien bislang nicht anerkannt. Auch Finkielkraut sieht scheinbar das Problem, und er versucht, es mit folgender Hilfskonstruktion zu lösen:

»Zur Verantwortung Europas gegenüber den Juden gehört, daß es nicht wieder eine Situation entstehen läßt, in der Menschen abseits vom Gang der großen Geschichte sterben. Genau das aber geschieht in Bosnien.«

Wenn Menschen abseits vom Gang der großen Geschichte sterben, ließe sich einwenden, geschieht es derzeit wohl eher in den Straßen von Paris. Dort müssen im Winter die Obdachlosen erfrieren, ohne daß das Fernsehen dabei ist oder eine Luftbrücke Schlafsäcke bringt. Unweit des Louvre übrigens, wo alle Obdachlosen einen Platz zum Schlafen finden würden, wären die angenehm temperierten Räume und Hallen nicht für wertvolles Material reserviert, wie zum Beweis dafür, welcher Rang und welcher Platz – nämlich unter der Brücke – dem Menschen als lebende, leidende Kreatur zugewiesen wird, eben dort, wo an festlich geschmückten Tafeln aufgestiegene Intellektuelle emphatisch seine Rechte proklamieren. Und ob nun abseits vom Gang der großen Geschichte oder mittendrin gestorben wird: Tot ist tot.

Um zu begreifen, was die wahren Beweggründe derer sind, die sich auf ihre Identität berufen, ganz gleich, ob das die europäische oder die intellektuelle, die jüdische oder die deutsche ist, muß man einen Blick in die Zeitung werfen. Über den verunglückten PEN-Kongreß im April dieses Jahres berichtete die *Zeit* (vom 30.4. 1993) aus Kroatien:

»Finkielkraut wurde mit Applaus im Hafen von Hvar empfangen. Finkielkraut ist der junge Ideologe des jungen Nationalismus, der faszinierende Kombattant der hilflosen Funktionäre. [...] Der Nationalismus, sagt der Philosoph auf einer Bühne voller Lorbeer und Girlanden, sei die notwendige Antwort auf die telekommandierte Realität der modernen Welt, die sich von ihrer Wiege und ihren Traditionen befreit und den Menschen auf ein Ensemble körperlicher Funktionen reduziert habe.«

Ein typischer Intellektueller,[14] welcher dem kindlichen Anlehnungsbedürfnis dieser Zunft, ihrer Sehnsucht nach dem starken Kollektiv, über alle Konversionen hinweg treu geblieben war – vom Maoismus zum Antikommunismus, vom Antikommunismus zum Humanismus, vom Humanismus zum Judentum – hatte auf dem Balkan seine neue Heimat gefunden: Eine Bewegung, in die er sich einordnen, ein Volk, dem er dienen, und einen Staat, für den er sich engagieren kann. Sichtlich irritiert resümierte die Reporterin der *Zeit*:

»Das war ein dramatisches Schauerspiel: [...] Tudjman, der Retter des technizistisch verblödeten Europa, ein Botho Strauß des Balkans, und der französische Philosoph Finkielkraut – Jude, Pariser, Intellektueller – sein Preisträger: Ein nationalentflammter Linker, der Monsieur le Président am Samstagmorgen vor dem Lunch im Franziskanerkloster höflich nach den jüngsten kroatischen Massakern an den Muslimen fragt?«

Rufen wir uns zum Schluß den ganzen Singsang noch mal ins Ohr: Kulturen und Traditionen, besondere Verantwortung und spezielle Verpflichtung, Europäer und Intellektuelle. »Wir Deutsche«. »Weil ich Jude bin«.

Und hören wir nun Rick.

Schreiben Sie »Eskimo«, sagt er, als der Beamte ihn nach der Nationalität befragt. Als Beruf gibt er an: Trinker. Rick, der aus *Casablanca* natürlich,[15] leidet zwar auch unter Erinnerungen, aber die sind sehr persönlicher Natur.

Mit der Erblast hingegen, die sich aus Berufs- oder Volkszugehörigkeiten ergeben würden, hat er keinen Kummer. Um ihr Gewicht zu spüren, müßte er sich erstmal wo einsortieren. Schwer für ihn, schwer auch für die aus Deutschland vertriebenen Professoren und Bankiers, die in seinem nordafrikanischen *Café Americain* als Kellner tätig sind: Deutsche Juden? Jüdische Deutsche? Kellnernde Intellektuelle? Intellektuelle Kellner? Schwer zu sagen in diesem Fall, schwer überhaupt in Zeiten, wo man die Pässe, Aufenthaltsorte und Berufe öfter wechseln muß. Ricks besondere Verantwortung besteht darin, sich um den derzeitigen ganz speziellen Rick und dessen Bar zu kümmern. Obendrein auch die offenen Rechnungen irgendwelcher Kollektivsubjekte zu begleichen, lehnt er ab. Den Frommen gilt er als Zyniker, weil er auf eigene Rechnung und eigenes Risiko handelt statt zu Gunsten oder zu Lasten übermächtiger Dritter.

Ähnlich wurde Hannah Arendt nach Erscheinen ihres Eichmann-Buchs kritisiert. Einen »herzlosen, ja oft geradezu hämischen Ton« warf ihr Gershom Scholem vor, es fehle ihr »die Liebe zu den Juden«. Ein anderer fand, sie dürfe nicht über alles »aus ironischer Distanz« reden.[16] Das Kollektiv erwartet Pietät, es will das Leiden der Einzelnen glorifizieren und genießen. Wenn einer ihm den Spaß daran verdirbt, ist es schwer gekränkt.

Man kennt die Situation aus der Szene in *Casablanca*, wo der professionelle Antifaschist Rick bittet, er möge persönliche Erwägungen zurückstellen und ihm um der großen Sache willen helfen. Ein Schulterzucken und ein paar sarkastische Bemerkungen sind die Antwort. Rick hilft zwar, aber er tut es aus persönlichen Gründen.

Diese Haltung, die ihre eigene war, hat Hannah Arendt skizziert, als sie den Typ beschrieb, auf den man in unsicheren Zeiten vielleicht vertrauen kann:

»Viel verläßlicher [d.h. als jene, denen Werte lieb und teuer sind] werden die Zweifler und die Skeptiker sein, nicht etwa weil Skeptizismus gut und Zweifel heilsam ist, sondern weil diese Menschen es gewohnt sind, Dinge zu überprüfen und sich ihre eigene Meinung zu bilden. Am allerbesten aber werden jene sein, die wenigstens eins genau wissen: daß wir, solange wir leben, dazu verdammt sind, mit uns selber zusammenzuleben, was immer auch geschehen mag.«[17]

Aus: Wolfgang Pohrt »Harte Zeiten. Neues vom Dauerzustand«, Berlin 1993
Critica Diabolis 43

Anmerkungen:

[1]Der Vortrag wurde am 16.1.1994 auf einem Symposion über Hannah Arendt in Wien gehalten.

[2]Hannah Arendt, *Elemente und Ursprünge totaler Herrschaft*, dreibändige Ullstein-Taschenbuchausgabe, Frankfurt 1968, Band I/185

[3]Hannah Arendt, *Die persönliche Verantwortung unter der Diktatur*, in *Konkret* 6/1991

[4]Mark Twain, *Tom Sawyer*, München 1955, S. 32.

[5]Zitiert nach der *FAZ* vom 25.9.1993. Weil die Guillotine zu umständlich war, wurden neue Methoden entwickelt. Eine davon, *senkrechte Deportation* genannt, bestand darin, Lastkähne mit Gefangenen in der Loire zu versenken.

[6]*Elemente*, Band II/222 ff.

[7]Hannah Arendt, *Nach Auschwitz*, Berlin 1989, S. 47 f.

[8]Die auf Veranlassung Mitterrands von Elie Wiesel Ende 1992 in Paris gegründete *Académie universelle des cultures* veranstaltete Ende 1993 in den Räumen der Sorbonne ihre erste große Tagung. Thema: *Intervention.* Teilnehmer: Philosophen, Historiker, Schriftsteller, Filmschauspieler, Politiker, Militärs.

[9]Daniel Cohn-Bendit im *Spiegel* 1/1994: »Ich meine auch, daß Europa sofort einen Beschluß fassen müßte, nach dem 50 Prozent seiner Fernsehproduktionen, öffentliche und private inbegriffen, aus seinen Mitgliedstaaten stammen müßten«. Hollywood nämlich führe manchmal »zur absoluten Zerstörung des Geschmacks. Dagegen muß sich Europa wehren, und zwar mit einer qualitativ besseren Massenkultur.«

[10]*Elemente*, Band III/263

[11]Hannah Arendt, *Zur Zeit*, Berlin 1986, S. 44

[12]Die Einsicht Adornos etwa, wonach die Unwahrhaftigkeit des Elitebegriffs darin besteht, daß »die Privilegien bestimmter Gruppen teleologisch für das Resultat eines wie immer gearteten objektiven Ausleseprozesses ausgegeben werden, während niemand die Eliten ausgelesen hat als etwa diese sich selber.« (*Das Bewußtsein der Wissenssoziologie*, in: Adorno, *Prismen*, München 1963, S. 29)

[13]Also: Wo ausgerottet wird, bitte den Rat des Fachmanns holen; keine Eigenmächtigkeiten.

[14]Finkielkraut ist nur einer von vielen. Bernard-Henri Lévy etwa, Philosoph und Vorsitzender des Aufsichtsrats von *arte*, hat in der *taz* (30.12.1993) die Opferbereitschaft der bosnischen Armee besungen: »Die Moral dieser Menschen, die in der Kälte seit Wochen in den Gräben ausharren, ist großartig. Diese Kämpfer, einfache Soldaten, haben eine beachtliche politische Klarsicht.« Ihnen, so Lévy weiter, müsse Europa Waffen liefern, weil sie »an der Drina die Werte, die ja unsere sind, verteidigen«. Noch einer, der gern in Bosnien einmarschieren ließe, Daniel Cohn-Bendit nämlich, meinte im *Spiegel* 1/1994, daß »der europäische Gedanke eine der letzten Utopien ist, wofür es sich zu kämpfen lohnt«.

[15]Natürlich nicht. Es handelt sich hier um *To have or to have not*, die *Casablanca*-Kopie, teilweise besser als das Original, ebenfalls mit Humphry Bogart, diesmal aber mit Laureen Bacall.

[16]Zitiert nach Eike Geisel, *Käthe Kruse gegen Walt Disney*, in *Konkret* 1/1994

[17]Hannah Arendt, *Die persönliche Verantwortung unter der Diktatur*, in *Konkret* 6/1991

Lotha

Their mas

Buchkritik auf dem Tiefpun
mit dem Essayis

Mein Freund ist der Autor Wolfgang Pohrt in keiner Weise, das dürfte ganz auf Gegenseitigkeit beruhen. Seine Bücher sind nicht von der Art, daß sie mich unbedingt dazu reizen, mich schreibend mit ihnen auseinanderzusetzen. Wenn Pohrt in seinem neuen Essayband *Harte Zeiten* »die Perspektive des kosmischen Betrachters« kritisiert, die manche gegenüber der Gegenwart einnehmen, so spricht er damit eben das aus, was mich an seiner eigenen Position abstößt: da redet einer von so hoch oben herunter, daß er unerreichbar erscheint für irdische Zurufe, und das hat für mich etwas Demoralisierendes. Pohrts Essays lesen sich, als seien sie wie mit ständig bis zum Anschlag durchgedrücktem Gaspedal geschrieben; das Rennöl, das der Autor zur Temposteigerung beigibt, riecht allzuoft nach konzentriertem Affekt (in diesem Buch vor allem dem komprimierten westdeutschen Durchschnittsaffekt gegen die »Ossis«). Zu bestreiten ist allerdings nicht, daß aus der Höhe, in die Pohrtt sich hochschraubt, gelegentlich aufschlußreiche Einsichten zu gewinnen sind, die tiefer fliegenden Zeitgenossen verschlossen geblieben wären; und wenn diese essayistische Prosa im Ganzen gewaltig überwürzt schmeckt, ist niemand gezwungen, sie auf einmal hinunterzuwürgen. Man kann sie ein Weilchen liegenlassen und dann einzelne Bestandteile in nüchternem Zustand noch einmal nachkosten.

An seinem Band *Harte Zeiten* habe ich viel auszusetzen: doch was ich an ihm auszusetzen habe, erscheint mir jetzt zweitrangig gegenüber dem Staunen, das mich bei der Durchsicht zweier Besprechungen seines Buchs überkam. Hätten irgendwelche Vorortpostillen diese Papiere in Satz gegeben, wäre kein Wort darüber zu verlieren; da es sich bei den Blättern *Tagesspiegel* und *Frankfurter Allgemeine Zeitung*, in denen die Besprechungen erschienen, aber um Flaggschiffe dessen handelt, was man in Deutschland gemeinhin die bürgerlich-liberale Öffentlichkeit nennt, ist eine Anmerkung dazu fällig. Denn wenn der Stil der dort gedruckten Pohrt-Verrisse etwas von der Verfassung der bürgerlichen Liberalität im vereinigten Deutschland verrät, dann hat sich der Autor Pohrt beim Abfassen seiner Katastrophenmeldungen aus dem vereinigten Deutschland noch der Schönfärberei schuldig gemacht.

»Wenn Geschichte schwindlig macht«, überschreibt Rezensent Malte Lehming seinen am 24. 4. im *Tagesspiegel* erschienenen Artikel und fakkelt dann im Text nicht lange: das Buch *Harte Zeiten* ist das Werk eines »Irrsinnigen«. Und woher kommt der Irrsinn? »Pohrt hat die Vereinigung und die Folgen des Zusammenbruchs des Kommunismus offensichtlich nicht verdaut«, er kaut »auf Brocken einer starren Nach-Auschwitz-Marxismus-Konstruktion herum.« Der glückliche Rezensent, muß ich schlußfolgern, hat mit dem Verdauen überhaupt keine Probleme, irgendwelche Brocken hat seine kräftige Darmflora längst erledigt. Nur diesem irrsinnigen und wohl auch etwas ängstlichen Pohrt »wird schwindlig bei dem Gedanken, die Geschichte könne wieder offen geworden sein«.

Optimistisch wie ein gemalter sowjetischer Traktorist der dreißiger Jahre sehe ich diesen Rezensenten seiner offenen Geschichte entgegenstrahlen – während etwa der nach Paris emigrierte kroatische Literaturwissenschaftler Predrag Matvejević Ende April in *Le Monde* schreibt: »Wir glaubten die Gegenwart zu erobern, und sind nicht fähig, die Vergangenheit zu bezwingen; wir haben die Geschichte aufgekündigt, und werden vom Historizismus überwältigt; wir wollten die Erinnerung retten, und die Erinnerung scheint sich zu rächen und uns zu bestrafen...« Auch einer, der nicht »verdaut« hat oder vielleicht gar ein bißchen durchgedreht ist in den Augen des *Tagesspiegel*-Rezensenten.

Die Rezensentin Susanne Gaschke der *Frankfurter Allgemeinen Zeitung* kann sich Pohrts Kritik an der glücklichen neuen Welt auch nur als pathologische Verirrung erklären: »Potenzprobleme mit Stipendium« überschreibt sie ihr Papier, und gibt darin zu erkennen, daß sie zu den ganz forschen Flotten zählt, denen alles Alte und Potenzgestörte ein Greuel ist. Was »noch gut genug dasteht«, zur Freude von Frau Gaschke, ist »das Kapital«, denn es kann sich »altsozialistische Hofnarren« halten, die im »altlinken Herrenmagazin *konkret*« schreiben, doch bei soviel Altem packt die junge Tante *FAZ* der Graus. »Totalitär« ist der »linke Stammtisch«, an dem sie den Autor Pohrt festnagelt, sowieso, das hat schon der leitende Redakteur seit Jahren vorgebetet. Gibt es sonst noch etwas zu dem Buch zu sagen? Von »faktischer Gleichschaltung der Medien« redet dieser Pohrt, woran man (bzw. frau) schon sieht, daß mit dem Mann außer in Sachen Potenz auch sonst etwas nicht in Ordnung sein kann. Nur hat Frau Gaschke zusammen mit Kollegen Lehming alles darangesetzt, zu beweisen, daß Wolfgang Pohrt mit seiner Rede von der Gleichschaltung recht bekommt.

Wenn Pohrt in seiner Vorbemerkung angibt, daß er dieses Buch dank eines Stipendiums der Hamburger Stiftung zur Förderung von Wissenschaft und Kultur des Jan Philipp Reemtsma als »gesellschaftstheoretischer Privatier« verfaßt hat, kann ich mich des Verdachts nicht erwehren, daß der gelernte Soziologe Pohrt damit eine Art Text veranstalten wollte, bei dem sich zeigen soll, wie die Öffentlichkeit mit einer solchen biographischen Information umgeht. Wenn das so ist, kann er sich ins Fäustchen lachen: denn beide Rezensenten haben unabhängig voneinander auf diesen Köder reagiert wie abgerichtete Laborprodukte, haben sich in ihn verbissen, können sich gar nicht genug tun, auf »Reemtsma« und »Stipendium« herumzureiten, womit ein Teil der jeweiligen Rezension auch schon bestritten ist. Bürgerliche Reserve hat es einmal geboten, nicht danach zu fra-

Lothar Baier über Wolfgang Pohrts »Harte Zeiten«

Baier

er's voices

t – am Beispiel des Umgangs n Wolfgang Pohrt

gen, womit ein Buchautor sein Geld verdient, sondern nach der Qualität des jeweiligen Buchs; aber das ist lange her. Eines haben sie, wie von einem einzigen Hersteller programmierte Schreibautomaten schreibend, aber begriffen: der Kritiker Pohrt ist in jedem Fall zu eliminieren. Egal ob als Potenzgestörter, als Reemtsma-Lakai oder als Irrer.

Wo beide Verrisse auf Inhalte zu sprechen kommen, tun sie es ebenfalls in auffallendem Gleichklang: es ist Pohrts Kritik an den Befürwortern einer Militärintervention in Bosnien-Herzegowina, die ihre heftigste Gegenwehr herausfordert. Dabei könnten diejenigen, die Pohrt in diesem Punkt für irrsinnig erklären, bald selbst zu den Dummen gehören; Journalisten, die vor Ort gewesen sind, fangen allmählich an, von dem zu erzählen, was sie auf dem Kriegsschauplatz gesehen haben und nicht nur von dem, was im Fernsehen von dort gezeigt worden ist, und dabei geht so mancher Gemeinplatz der Medienberichterstattung zum Teufel. Im *Freitag* (29.4.) hat Vladimir Pistalo, Germanist und Sohn des Bibliotheksdirektors von Sarajevo, offen ausgesprochen, was schon lange geflüstert wird, nämlich daß in Sarajevo unter dem Namen Regierung die »nationale Mafia« an der Macht ist – was einen Bernard-Henri Lévy jedoch nicht daran gehindert hat, deren Propaganda in Interviews der *tageszeitung* als Information zum besten zu geben und den deutsch-französischen Kulturkanal *arte*, in dessen Direktion er seit kurzem sitzt, in eine Sektenanstalt zur Verbreitung der Sarajevo-Religion zu verwandeln. Pohrt übertreibt jedenfalls nicht im geringsten, wenn er schreibt: »Nirgends wurde ein militärisches Eingreifen in Jugoslawien vehementer gefordert als in der vormals auf Frieden um jeden Preis bedachten deutschen Öffentlichkeit, und kein Blatt, nicht einmal die *FAZ*, schlug dabei schärfere Töne an als die vormals linksalternative und auf Pazifismus eingeschworene *taz*.«

Im nachhinein muß ich einräumen, daß Pohrt mit seiner seinerzeit mir nur nach Ressentiment riechenden Vermutung, in der Friedensbewegung rumore noch etwas anderes als nur Friedensliebe, nicht ganz falsch gelegen hat. Aus diesen Kreisen heraus ist kürzlich ein Appell zum militärischen Eingreifen in Bosnien-Herzegowina in Umlauf gesetzt worden, der zu den abwegigsten Aufruf-Texten gehört, die mir je unter die Augen gekommen sind. »Luftangriffe«, heißt es in dem in der *taz* vom 9.3. veröffentlichten Appell an die UNO, müssen »unter möglichster Schonung von Menschenleben« serbische Angriffsmittel zerstören – mit welcher gewissermaßen umgedrehten Neutronenbombe dies bewerkstelligt werden soll, sagt der von Daniel Cohn-Bendit und dem Grünen Walter Ostwalt verfaßte Text natürlich nicht, militärische Überlegungen im engeren Sinn sind nun nicht die Stärke von Friedensfreunden, sie haben es mehr mit der reinen Ehtik. Getreu dem Vorbild der französischen Maoisten, die seinerzeit den kranken Sartre zum Unterschreiben aller möglicher Petititonen schleppten, hat man sich auch diesmal an einem alten Mann vergriffen, und zwar an dem 92jährigen Karl Popper, den letzten Rest kritischer Vernunft dabei zerquetschend. Die scheint mir ja viel besser bei Wolfgang Pohrt aufgehoben, der daran erinnert, wozu eine zu humanitären Zwecken, zur Rettung bedrohter Frauen und Kinder, unternommene Militäraktion" westlichen Typs vor einem Jahr in Texas geführt hat: nämlich zum gemeinsamen Feuertod der zu Rettenden und ihrer angeblichen Kerkermeister in der Davidianer-Ranch von Waco.

Die »geballte Feuerkraft der NATO« soll nach dem Willen Cohn-Bendits, der persönlich höchstwahrscheinlich eine Uzi-MP nicht von einer Kalaschnikow unterscheiden kann gegen die Serben losgelassen werden. Das wird Karadzić und dessen Bandenführer sicher furchtbar erschreckt haben. Wer übernähme eigentlich die moralische Verantwortung für das durch geballte NATO-Feuerkraft angerichtete Massaker, würde ein durchgeknallter Befehlshaber den Herzensschrei erhören? Das Frankfurter Amt für multikulturelle Angelegenheiten, dem Daniel Cohn-Bendit als Dezernent vorsteht? Oder die Partei Die Grünen/Bündnis 90? Eine »internationale Hetzkampagne gegen Serbien«, schreibt Malte Lehming im *Tagesspiegel*, gibt es natürlich niemals, das ist eine der Erfindungen dieses irrsinnigen Pohrt.

Eine Publizistin nannte es neulich »Revisionismus«, also eine Art Auschwitzlüge, als man ihr vorhielt, daß ihre Berichte über Massenvergewaltigungen bosnischer Frauen auf bloßen Gerüchten und nicht auf Recherchen beruhten, daß sie also schlecht gearbeitet hatte. Wenn Fehler im Handwerk nicht mehr namhaft gemacht werden dürfen, wenn der bemerkenswerte Zynismus eines Aufrufs zum militärischen Dreinschlagen unter »möglichster Schonung von Menschenleben« beseelten Beifall findet, wenn ein kritischer Autor, der diese und andere Ungereimtheiten pflichtgemäß beim Namen nennt, unter Verwendung psychiatrischer Kategorien und biographischer Fußtritte weggeschoben wird, dann gibt es keine Öffentlichkeit mehr, die die Bezeichnung liberal verdient, es gibt nur noch konformistische Stickluft.

Es bedarf offenbar keiner eigenen Partei-Propagandaabteilung und keines Zensurministers, um Zeitungsmitarbeiter zum gleichlautenden Kläffen gegen einen Buchautor abzurichten, der als Störenfried ausgesondert ist. Der gut westdeutsch ansozialisierte Instinkt für das, was in den Chefetagen erwartet wird, vom *Tagesspiegel* über die *FAZ* bis zur *taz*, die gerade ihre selbständig nachdenkenden Häretiker hinausgeekelt hat, schafft das ganz von allein.

Wolfgang Pohrt: Harte Zeiten. Neues vom Dauerzustand. Edition Tiamat, Berlin 1994, 192 Seiten, 28,– DM.

Betroffenheit
Aus dem Wörterbuch des Gutmenschen

Joseph von Westphalen

Gehört zu den extrem resistenten Modewörtern. Kein plötzliches Auftauchen aus bestimmtem Anlaß (z.B. Buchtitel) nachweisbar. Sukzessive Akkumulation im Verlauf der 70er Jahre. Möglicherweise ein verbales Spaltprodukt der diesem Jahrhundert nachgesagten literarischen Strömung der sogenannten Innerlichkeit, die als Abkehr von der studentischen Protestbewegung 1968 gedeutet werden muß. (Wer ist nicht alles *Achtundsechziger*!? »Der gute Mensch von 68« ist das Theaterstück, das am dringlichsten geschrieben werden muß. Besonders aufschlußreich, daß die Wortbildung *Achtundsechzigerin* partout nicht geläufig ist.)

Das Erwachen der sogenannten Innerlichkeit (oder »neuen Innerlichkeit«) kann 1973 angesetzt werden. In diesem Jahr erschütterte die Ölkrise den Glauben an den Fortschritt und das ewige Wachstum. Das Sonntagsfahrverbot betraf Millionen von Autofahrern – und machte sie betroffen.

Am Ende des Jahres fuhr der deutschsprachige Schriftsteller Peter Handke mit dem Zug von Frankfurt nach München und erblickte in der Dämmerung einen hoppelnden Feldhasen, dessen Anblick ihn berührte und ihm bedeutsamer erschien als das ergebnislose Politisieren. Auch wenn Handke das Wort *Betroffenheit* nicht benutzte – er hatte seinen Eindruck im *Spiegel* veröffentlicht und damit das Signal zu einer neuen Empfindsamkeit gegeben, die so übel gar nicht gewesen wäre, wenn sie nicht all die unfähigen Protagonisten hervorgelockt hätte.

Ab Mitte der 70er Jahre wird das Wort *Betroffenheit* vermehrt von Politikern im Mund geführt. Es eignet sich ideal für Presseerklärungen aller Art: Eine Beteuerung von der Stange, die sich in jedes Statement, in jede Rede einfügen läßt. Universal kompatible Standardformel, mit der Sprecher und Ghostwriter aller Parteien gleichermaßen Hochwasserkatastrophen, Terroranschläge oder Nazizeit-Mahndaten kommentieren können.

Mit der Formel *Wir sind betroffen* kann kein Fehler gemacht werden. Die Benutzung des Wortes durch die Politik geschah selbstverständlich bewußtlos, und es dauerte einige Zeit, bis der Öffentlichkeit der hohle Klang des Wortes auffiel.

Überraschend, wenn nicht erschütternd, ist die Tatsache, daß der Ausdruck *Betroffenheit* zur selben Zeit auch die Feuilletons eroberte. Daß sich Personen, die beruflich mit Sprache zu tun haben und sich anmaßen, Erzeugnisse der Sprache zu kritisieren, von diesem Wort (das auch eine Haltung ausdrückt) infizieren ließen, ist der endgültige Beweis, daß dem Feuilleton niemals zu trauen ist.

Ich habe den anfangs angeschlagenen Lexikon-Tonfall sowieso schon seit einer Weile verlassen und kann nun vollends persönlich werden – und gleichzeitig wissenschaftlich: zum ersten und hoffentlich letzten Mal in meinem Leben zitiere ich meine Doktorarbeit, weil mir ein anderes Zeugnis nicht vorliegt. In diesem ziemlich verquasten und mit Ideologiekritik randvoll zugestopften Machwerk (»Zur Entstehung der Dichterfigur. Ein Beitrag zur Geschichte des Dichter- und Künstlerbildes«, München 1978), vor dessen Indiehandnehmen ich ohne Koketterie abrate, findet sich auf S. 191, Fußnote 479, immerhin eine kleine Extra-Untersuchung von Dichter- und Künstlerklischees, die in der Zeit vom Herbst 1976 bis Herbst 1978 in den Feuilletons der *SZ, FAZ* und *Zeit* besonders inbrünstig gepflegt wurden, und dazu gehörte, ich bin selbst überrascht, damals schon die *Betroffenheit,* mit dem Superlativ »radikale Betroffenheit«, die vor allem Walter Jens gern seinen Lieblingspoeten unterstellte. Ein Rhetoriker, der so ein Wort verwendet!

Zur Buchmesse 1981 machte ich mich in *Westermanns Monatsheften* über das Modevokabular der Rezensenten in einem Essay lustig, skizzierte vier Prototypen von Feuilletonlieblingspoeten und schrieb jedem einen Zweizeiler auf den Leib. Neben der »Verstörung« und der »Beschädigung« war es das »Unbequemsein« und die »Betroffenheit«, die man vom Dichter verlangte: Dreißig Mark, zweihundert Seiten: / sensibelste Betroffenheiten.

Meine Forschung trieb ich flüchtig weiter. Ich habe die neuesten Ergebnisse in der 5. Nummer der *Münchner Rundschau* veröffentlicht, einer Zeitung, die mehr Ausgaben nicht erreicht hat. Ich hoffe, daß ich damals einigermaßen richtig gezählt und gerechnet habe, als ich die Zahlen auf den Tisch legte: »Der absolute Renner bei den Kritikern ist auch in diesem Jahr (1983) die *Betroffenheit.* Sie ist damit seit 1980 Lieblingsvokabel. Ein Buch, das keine *Betroffenheit* erweckt, hat keine Chancen. 57% aller positiven Kritiken konstatieren wohlwollend Betroffenheit...«

Diese sprachkritischen Veröffentlichungen riefen damals ein gewisses Amüsement hervor, aber es gab keinerlei Bestätigung. Erst als die ausgefeilte 83er Version meiner Betroffenheitskritik 1985 bei Haffmans in einem Buch erschien (»Warum ich Monarchist geworden bin«), gab es breitere Zustimmung und das berühmte »Soisses«, das immer dann zu hören ist, wenn es zu spät ist.

Ab Mitte der 80er Jahre wurde das Betroffenheitsgerede überall massiv kritisiert, 1987 war die Kritik am Betroffenheitsgerede schon ebenso ein Klischee wie das Betroffenheitsgerede selbst. Genauso billig, wie Politiker und Rezensenten mit dem Wort *Betroffenheit* Gefühlsbewegungen vorzutäuschen suchten, war das kritische Lachen über die Abgegriffenheit und Verlogenheit dieser Beteuerung. Natürlich trug und trägt eben dieser Mechanismus zur Erhaltung der *Betroffenheit* bei: Wenn immer mehr Kritiker die Betroffenheitssprache nicht mehr kritisieren mögen, wird diese noch ungehindert in ihren zweiten Frühling kommen. Mit der *Betroffenheit* ist es wie mit dem Kanzler Kohl: Irgendwann hat jeder es satt, solche Phänomene zu verhöhnen.

Manchmal sind die Kritiker der Betroffenheitssprache primitiver als ihre Benutzer. Man kann es daran erkennen, wenn man das Wort *betroffen* in einem sprachlich korrekten Sinn verwendet. Wenn mich etwas betrifft, sei es die geplante Studienzeitverkürzung, sei es das Scheidungsrecht, dann bin ich davon *betroffen.* Das jahrelange Betroffenheitsgerede der Arschlöcher aus Politik und Kultur hat dazu geführt, daß man heute das Wort *betroffen* selbst dann nicht mehr aussprechen kann, wenn es ganz unideologisch einen trockenen Sachverhalt beschreibt. Insofern ist das Wort ein guter Köder. Dummköpfe kann man daran erkennen, daß sie gleich in pseudo-ironisches Gejohle ausbrechen, wenn das Wort *betroffen* fällt.

Witzig ist, daß dieses Wort, mit dem täglich tausendfach

Morddrohungen, Bürgerkriegsopfer und schlechte Schulnoten der Kinder kommentiert werden, kein einziges Mal fiel, als es wirklich zutraf: bei der Wiedervereinigung. Da war dauernd von Glückseligkeit die Rede und nicht von Betroffenheit, obwohl doch alle westdeutschen Steuerzahler vom Solidaritätszuschlag *betroffen* waren.

Eine andere nicht ungefährliche Begleiterscheinung dieses Modewortes sollte nicht übersehen werden: die schlaueren Idioten unter den Betroffenheitsquatschern haben kapiert, daß man dieses Wort nicht mehr verwenden kann. Sie lassen plötzlich verlauten, sie seien vom Schicksal der Bewohner Sarajevos *ge*troffen, oder *be*rührt oder gar *ge*rührt. Moment, denkt man dann sekundenlang, was für eine tiefe Originalempfindung!

Aus: Klaus Bittermann & Gerhard Henschel (Hg.) »Das Wörterbuch des Gutmenschen. Zur Kritik der moralisch korrekten Schaumsprache«, Berlin 1994
Critica Diabolis 44

Faschistisches Kabuki in Bayreuth

Harry Mulisch

Im August 1971 kam ich in Gesellschaft einiger Freunde zu den Festspielen. Ich fühlte mich wie ein Ethnologe, der ins Inland von Neuguinea gereist ist, um die letzten Überreste kannibalischer Rituale zu studieren. Die Hotels in Bayreuth sind im allgemeinen bereits ein halbes Jahr im voraus ausgebucht, aber wir fanden zum Glück ein paar Kilometer vor der Stadt ein Quartier in einem kleinen ländlichen Hotel, in einem stillen Tal, dem Friedrichstal, wo wir von Holztellern ein üppiges Fleischgericht aßen, das als *Friedrichstaler Geheimnis* angekündigt war. Menschenfleisch also.

Wir fingen auf der Terrasse in der Sonne an, uns auf die kommenden Strapazen vorzubereiten. Wir hatten eine kleine Bibliothek mitgenommen. Natürlich die gesammelten Werke Richard Wagners, ohne die Partituren vierzehn dicke Bände, Nietzsches *Richard Wagner in Bayreuth, Der Fall Wagner* und *Nietzsche contra Wagner*, die zahllosen Studien Thomas Manns, Adornos *Versuch über Wagner, Mein Kampf, Alice im Wunderland* und auch einige andere Werke wie Robert Doningtons *Richard Wagners »Ring des Nibelungen« und seine Symbole.* Ja, die Psychologen, darunter vor allem die Anhänger C.G. Jungs, mit ihrem kollektiven Unbewußten, stürzen sich natürlich darauf wie Ostfrontkämpfer auf eine Kanne heißen Kakao. Wenn die Hauptperson ein Ring ist, gibt es natürlich kein Ende, man muß nur hindurchkriechen und schon ist man in einem psychologischen Schlaraffenland: die gebratenen Bedeutungen fliegen einem ganz von selbst in den Mund. Das muß vor allem Engländer ansprechen, denn sie haben erst unlängst einen Schriftsteller wie Tolkien hervorgebracht, den Autor der Trilogie *Der Herr der Ringe* – auch ein Walpurgissack voller Mythen und Dämonen, dessen Leser man als eine Art geheimer Sekte ansehen kann.

Sonne und Stille auf unserer Terrasse. Dort saßen wir, die *kommunistische Genossenschaft*, die Wagner vorhergesagt hatte – Autoren eines gemeinsamen Gesamtkunstwerks: der Oper *Rekonstruktion*, die zwei Jahre vorher beim Holland Festival uraufgeführt worden war. Einige studierten die Partitur des *Rheingold*, andere arbeiteten den Text durch, ich hatte dieses Stadium übersprungen und bereits mit der Lektüre der Interpretation begonnen. Ab und zu leises Kichern. Einmal verschluckte sich einer. Hinter den Hügeln ratterte hin und wieder ein Maschinengewehr. Einer warf sein Textbuch über die Balustrade in den Bach, lehnte sich zurück und schloß die Augen. Als ich fragte, ob mir jemand erklären könne, wer Mime sei, kam es zu einem unbegreiflichen Streitgespräch zwischen denen, die alles gelesen hatten. Der eine meinte, Mime sei die Schwester Alberichs, der andere hielt ihn für den Onkel Frohs, ein dritter für die Nichte Fasolts, d.h. für die Tante von Donner. War das der Grund für Wotans Zweifel nach Erdas Warnung? Und Floßhilde? Wollten die Riesen Freia etwa nicht zurückgeben, denn Wotan wollte doch den Bau von Walhalla nicht bezahlen? Und war Alberich wirklich so edel? War er vielleicht edler als Loge? Oder war Fafner am edelsten?

Weia! Waga! / Woge, du Welle! / Walle zur Wiege! / Wagalaweia! / Wallala weiala weia!

Wir mußten uns beeilen, denn um vier Uhr begann die Vorstellung. Weil *Das Rheingold* nur das »Vorspiel« war, würde die Vorstellung heute abend nur drei Stunden dauern. In schwarzem Anzug und Krawatte traten wir um halb vier aus dem Hotel in die heiße Augustsonne und bedauerten, unseren ursprünglichen Plan nicht in die Tat umgesetzt zu haben. Weil die erste Szene von *Das Rheingold* unter Wasser spielt, wollten wir eigentlich in Badehose, mit Schnorchel, Taucherbrille und Schwimmflossen im Festspielhaus erscheinen. Aber die Angst vor einem Genickschuß hielt uns zurück.

Aus allen Ecken der Stadt glitten die Mercedes- und Rolls-Royce-Limousinen mit Festspielbesuchern den Hügel hinauf. Das Bayreuther »Volk« stand auf den Gehsteigen und betrachtete das Heranströmen der großen Welt – nichtsahnend, daß all das einmal für es bestimmt gewesen war – in einem Zelt und umsonst. Die Damen waren ausstaffiert, wie es heutzutage in den Niederlanden nicht einmal mehr auf den Festen der korporierten Studenten üblich ist (obwohl man in diesen Kreisen doch sein eigener Großvater und seine eigene Großmutter ist). Die Herren natürlich in Smoking, häufig mit schicken weißen Jacketts. Weil die Festspiele dieses Jahr im Zeichen der Jugend standen, war das geschätzte durchschnittliche Alter höchstens fünfundfünfzig. In den Gesichtern der Herren glänzten die Schmisse, links und rechts humpelten Wagnerianer auf Krücken oder wurden in Wägelchen geschoben, weil sie sich in Weltgegenden blicken ließen, in denen sie nichts zu suchen hatten; die Gesamtzahl der Beine war bei weitem nicht das Doppelte von der Anzahl der Anwesenden; viele hatten auch Hände und Augen in Rußland und Frankreich zurücklassen müssen. Aber was übriggeblieben war, hatte sich jetzt hier versammelt. Ich hatte das alles erwartet und sogar erhofft, aber als ich nun dazwischen stand, schauderte ich ein wenig.

Pünktlich viertel vor vier traten Trompeter auf den Balkon über dem Haupteingang, wo sich noch die Fußabdrücke des Kaisers und des Führers befanden, und bliesen das Siegfried-Leitmotiv in den heißen Himmel über Bayreuth. Ich muß zugeben, daß mein Herz schneller zu schlagen begann. Das wiederholte sich zehn Minuten später, aber da waren wir schon im Theater, von allen Seiten hochmütig gemustert und mit Blicken getötet, niedergeschossen, aufgehängt, vergast, weil wir unsere Krawatten abgenommen hatten. Die Inneneinrichtung war häßlich und überproportional groß. Wagner hatte in dem Gebäude zum erstenmal auf das traditionelle Logensystem verzichtet; alle Sitzplätze waren gleich und stiegen, wie im Amphitheater, von der Bühne her an – letzte Überreste sozialer Ideen. Das enorme Orchester, neben dem sich das Orchester des Concertgebouw in Amsterdam wie eine ulkige Jam session ausnahm, blieb unsichtbar. Im Saal hing dieselbe liturgische Atmosphäre, die in den Niederlanden die *Matthäus Passion* in einen solchen Verruf gebracht hat. Diese Liturgie kam auch dadurch zum Ausdruck, daß auf die Sekunde genau um vier Uhr das Licht im Saal langsam erlosch – genau wie ein Stierkampf nie mit Verspätung beginnt. Die achtzehnhundert Zuschauer wurden so still wie bei einer Totenfeier – mit dem Unterschied, daß es hier die Totschläger waren, die verstummten. Ich hätte gern gewußt, ob das Theater auch ausgereicht hätte, die Menschen zu fassen, die von den Anwesenden umgebracht worden waren.

Aus dem mystischen Abgrund stieg der betäubende, gedämpfte Klang des Orchesters auf – und es war wieder die Seide von Wagners Unterwäsche, sehr berauschend, unbeschreiblich schön – und die Behauptung trifft zu, Wagners Musik habe noch nicht wirklich gehört, wer sie nicht in Bayreuth gehört hat. Die Akustik paßte ausgezeichnet dazu: verzögert, glatt, ein wenig ungenau. Ganz langsam öffnete sich der Vorhang – bei der Eröffnung auch eine Neuheit; damals zog man noch überall Vorhänge hoch, die erst die Beine zeigten, dann den Rumpf und erst am Ende den Kopf. Und auf der Bühne saß, wenn ich mich nicht irre, Woglinde und sang unter Wasser:

Weia! Waga! / Woge, du Welle! / Walle zur Wiege! / Walaweia! / Wallala weiala weia!

Ich wußte es nicht genau, denn es war kaum etwas zu sehen. Obwohl sich beim Verneigen am Schluß zeigte, daß Beleuchtungsapparatur im Gebäude vorhanden war, hatte sich Wolfgang offenbar für die Vorstellung auf zwei Stehlampen links und rechts in den Kulissen beschränkt. In dieser *Dämmerung*, die die Handlung so geheim bleiben ließ, wie es zahllose andere *Reichssachen* im Dritten Reich waren, irrten diese verrückten Gestalten auf einem enormen Suppenteller umher, der natürlich aus der Ära Wielands stammte. Ich hatte mich auf einen Wotan mit langem Bart und einem Eisenhelm mit zwei großen Hörnern rechts und links gefreut, aber davon war nichts zu sehen. Wotan war modern, glatt rasiert und hatte nach hinten gekämmtes Haar wie bemalte Pappe, genau wie die Zuschauer.

An den nächsten drei Abenden schwitzten wir von vier bis zehn im Festspielhaus, mit jeweils zweimal einer Stunde Pause, die erste noch im hellen Sonnenschein. Auf der Bühne hellte es keinen Moment lang auf, die mythischen Dämpfe und die Urdämmerung umschlossen uns immer mehr. Manchmal ließen wir uns zu Wutausbrüchen, zum Weglaufen und zum Schwänzen ganzer Akte hinreißen; dann wurden wir mit einem Mal doch wieder von der Musik verführt oder selbst von der ganzen verwerflichen Atmosphäre dieses faschistischen Kabuki-Theaters.

In ihrer Gesamtheit ist die Struktur der Tetralogie äußerst brüchig. Im Hintergrund steht offenkundig die *Orestie* von Aeschylos – aber das auszusprechen, diesen Namen nur zu nennen, ist in diesem barbarischen Kontext völlig absurd. Im besten Fall ist das Ganze ein Rorschachtest, der nichts bedeutet: ein Tintenklecks auf einem Stück Papier, das zusammengefaltet und danach wieder aufgeklappt wird. Wer einen Juden darin erkennt, wird Hauptsturmführer, wer einen Kommunisten darin sieht, wird Sturmbannführer, wer nur einen Tintenklecks wahrnimmt, wird erschossen. Im schlimmsten Fall ist es ein Polyp, der Wagner aus der Kloake seiner widerwärtigen Persönlichkeit erbrochen und sich dann im Stein auf dem Hügel von Bayreuth festgesaugt hat, angebetet von den grauenerregendsten Gruppen unserer Gesellschaft.

Wenn Deutschland den Krieg gewonnen hätte, wäre es dort genauso gewesen, wie es jetzt ist – nur ohne mich und noch ein paar andere Menschen.

(Aus dem Niederländischen von Marlene Müller-Haas)

Aus: Harry Mulisch »Die Zukunft von gestern. Betrachtungen über einen ungeschriebenen Roman«
Amsterdam 1972, Berlin 1995
Critica Diabolis 50

Gewächshaus mit Alpenveilchen

Rebecca West

Da tauchte unter dem Flugzeug das erstaunliche Gesicht des Weltfeindes auf: Tannenwälder auf kleinen Hügeln, graugrün glänzende Seen, zu klein, um jemals nicht still zu ruhen, Gärten mit hohen rotzüngigen Bohnenpflanzen, kupferfarbene Weizenfelder, rotbraun geziegelte Dörfer mit gewagten Giebeln und Zwiebelturmkirchen, die kein Architekt entworfen haben konnte, der über sieben Jahre alt war. Noch eine Minute, und das Flugzeug sank hinab in das Herz des Weltfeindes: Nürnberg. Wenig mehr Minuten dauerte es, um zu dem Gerichtssaal zu gelangen, in dem sich der Weltfeind für seine Sünden zu verantworten hatte. Doch diese Sünden gerieten angesichts des wundersamen Konflikts sofort in Vergessenheit, der in diesem Gericht vor sich ging, obwohl er nichts mit den Anklagen zu tun hatte, die erörtert wurden. Der Prozeß war in seinem elften Monat und der Gerichtssaal eine Hochburg der Langeweile. Jeder in seinem Einflußbereich befand sich im Würgegriff äußerster Monotonie. Damit soll nicht gesagt werden, daß die anstehende Arbeit lustlos ausgeführt wurde. Eine eiserne Disziplin stellte sich dieser Monotonie entgegen und wich vor ihr keinen Zentimeter zurück. Aber dennoch war der aufregendste Vorgang vor Gericht damals eine Art Tauziehen um die Zeit. Einige der Anwesenden wünschten leidenschaftlich, daß diese Monotonie zum frühestmöglichen Zeitpunkt ein Ende nahm, und die anderen wünschten ebenso leidenschaftlich, daß sie für immer fortwährte.

Die Leute im Gerichtssaal, die die Monotonie auf ewig erdulden wollten, waren die einundzwanzig Beschuldigten auf der Anklagebank, die den Betrachter dadurch verlegen machten, daß sie mit einer Schamlosigkeit auftraten, die historische Charaktere, besonders die Verzweifelten, sonst nur in schlechten Filmen zur Schau stellen. Dem, was sie waren, ähnelten sie allenfalls so grobschlächtig wie die schottische Königin Mary auf Fotheringay oder Napoleon auf St. Helena in einem halbwegs sittenstrengen Oscar-Erfolg. Aber es war natürlich auch eine ungewöhnlich gespenstische Szene. Todeshauch umwehte die Anklagten. Nicht nur drohte ihnen selbst die Todesstrafe, ständig war auch von Millionen Toten die Rede, und es wurde darüber gestritten, ob diese Millionen auf Befehl dieser Männer gestorben waren oder nicht; da sie nur zu gut wußten, was der Tod ist, und da sie ihn in ihren Vorahnungen durchlebten, zogen diese Männer die Monotonie des Prozesses seinem Ende vor. Deshalb klammerten sie sich vermittels ihrer Anwälte an Verfahrensfragen und dehnten sie bis an die Grenzen der Vorschriften aus; und daher erzeugten sie beim Rest des Gerichtes, bei den Menschen, die Aussicht darauf hatten, Nürnberg zu verlassen und mit ihrem Leben fortzufahren, eine wilde Ungeduld. Daß diese sich Ausdruck verschaffte, verhinderte die eiserne Disziplin des Gerichtes. Aber sie machte die Atmosphäre sehr angespannt.

Es schien albern von den Angeklagten, daß sie jede Anstrengung unternahmen, um das Ende hinauszuzögern, denn durch ihr Erscheinungsbild gestanden sie ja ein, daß ihnen auf dieser Welt nichts Gutes mehr geschehen konnte. Die Naziführer, die ihr Leben dem Brechen aller Gesetze geweiht hatten, brachen zuguterletzt nun das Gesetz, daß das Urteil eines Gerichtes nicht im Voraus verkündet werden darf. Ihr Verhalten verriet, was sie erwarteten. Die Russen hatten für alle die Todesstrafe gefordert, und es war offensichtlich, daß die Angeklagten der Ansicht waren, daß dieser Wunsch in Erfüllung gehen würde. In dem Glauben, alles zu verlieren, vergaßen sie, was ihr Besitz gewesen war. Nicht die geringste Spur ihrer Macht und ihres Ruhms blieb ihnen; keiner von ihnen sah so aus, als wäre er je imstande gewesen, irgendeine Form von echter Autorität auszuüben.

Göring gebrauchte immer noch die Gesten eines Herrschers, doch sie waren so vulgär, daß sie keineswegs nahelegten, er hätte tatsächlich einmal eine bedeutende Position ausgefüllt; sein Verhalten deutete eher darauf hin, daß die Stammgäste bestimmter Bars ihn bei einem Spitznamen wie »Der Kaiser« gerufen hatten. Sogar physische Charakteristika, von denen man eigentlich meinen sollte, daß sie zu Lebzeiten unveräußerlich sind, hatten diese Menschen verloren, persönliche Eigenschaften wie die Farbe und Beschaffenheit ihrer Haut und die Ausprägung ihrer Gesichtszüge. Die meisten von ihnen waren – mit Ausnahme von Schacht, der weißhaarig, und Speer, der schwarz wie ein Affe war – nun weder dunkelhaarig noch blond; jeder, der schlank war, wirkte eingefallen; jeder, der beleibt war, sah aus, als sei er lediglich von dünnem Gas aufgeblasen. So verblichen waren ihre Persönlichkeiten, daß es einem noch nach Tagen, an denen man vor ihnen gesessen und sie angestarrt hatte, äußerst schwerfiel, sich vor Augen zu führen, wer einmal was gewesen war; und diejenigen, die herausstachen, taten dies mehr durch Sonderlichkeit als durch Format.

Hess fiel auf, weil er zweifellos verrückt war: so zweifellos verrückt, daß es eine Schande schien, ihn überhaupt vor Gericht zu stellen. Seine Haut war aschfarben, und er besaß die seltsame Fähigkeit, so typisch für Irre, in unnatürliche Körperhaltungen zu fallen, die kein normaler Mensch länger als ein paar Minuten beibehalten kann, und in dieser Verrenkung für Stunden zu verharren. Er zeigte das klassenlose Gehabe der Insassen von Irrenanstalten; offensichtlich hatte seine verwirrte Persönlichkeit alle Verbindungen zu seiner Vergangenheit gekappt. Er sah aus, als besäße sein Verstand keine Konturen mehr, als wären alle Bestandteile hinweggefegt worden; alle außer jener Tiefenschicht, in der die Alpträume leben.

Schacht war genauso bemerkenswert, weil er so wenig verrückt war, so sehr sein gewöhnliches Selbst unter diesen außergewöhnlichen Umständen. Er saß verdreht auf seinem Sitz, so daß sein langer Körper, steif wie eine Latte, mit dem Rücken gegen das Ende der Anklagebox gelehnt war, das eigentlich seitlich von ihm hätte sein sollen. Dementsprechend saß er im rechten Winkel zu seinen Mitangeklagten und schaute durch sie hindurch und über ihre Köpfe hinweg: Er hatte immer behauptet, daß er Hitlers Bande weit überlegen war. Und dementsprechend saß er auch im rechten Winkel zu den Richtern auf der Bank ihm gegenüber: Er behauptete, daß er ein führender internationaler Bankier sei, ein höchst respektabler Mann, und daß kein Gericht der Welt das Recht besitze, ihn anzuklagen. Er war versteinert vor Wut, weil dieses Gericht so tat, als verfüge es über dieses Recht. Er glich einer in Totenstarre gefrorenen Leiche, einer mißmutigen Leiche, die den ganzen Vorgang so unangenehm wie möglich machen wollte, auf daß es besonders schwer fallen würde, sie in den Sarg zu bekommen.

Ein paar andere besaßen noch Individualität. Streicher war erbärmlich, weil offensichtlich die Gemeinschaft und nicht er schuld an seinen Sünden war. Er war ein schmutziger alter Mann von der Sorte, die Ärger in Parks macht, und ein Deutschland, das bei Verstand gewesen wäre, hätte ihn schon vor langer Zeit in eine Anstalt gesteckt.

Baldur von Schirach, der Reichsjugendführer, verblüffte, weil er auf eine Weise wie eine Frau wirkte, die nicht üblich war unter Männern, die wie Frauen aussahen. Es war, als säße eine ordentliche, mäuschenhafte Gouvernante dort, nicht schön, aber immer jedes Haar am richtigen Ort, eine, bei der man sich darauf verlassen konnte, daß sie nie das Zimmer betreten würde, wenn Besuch da war.

Obwohl man über Göring seit Jahren immer neue Überraschungen gelesen hatte, überraschte er immer noch. Er war unglaublich weichlich. Manchmal trug er eine deutsche Luftwaffenuniform und manchmal einen leichten Sommeranzug, der von einem schlechten verspielten Geschmack zeugte, und beides hing lose um ihn herum und ließ ihn ein wenig schwanger aussehen. Er hatte dickes, braunes und junges Haar, die grobe helle Haut eines Schauspielers, der seit Jahrzehnten fettige Masken auflegt, und die unnatürlich tiefen Falten eines Drogenabhängigen. Alles in allem glich sein Kopf dem einer Bauchrednerpuppe. Er sah maßlos verdorben aus und verhielt sich naiv. Wenn die Anwälte der anderen Angeklagten zur Tür der Anklagebox kamen, um Instruktionen zu erhalten, mischte er sich oft ein und bestand darauf, sie selbst zu instruieren, ungeachtet der augenfälligen Empörung der Angeklagten, die in der Tat erbittert sein mußten, da die meisten von ihnen sich einbilden konnten, daß sie, wäre Göring nicht gewesen, diese Anwälte nie hätten anstellen müssen. Einer der Verteidiger war ein schmächtiger, kleiner Mann von sehr jüdischem Aussehen, und wenn er vor der Anklagebox stand, wobei sein Kopf kaum an deren Oberkante reichte, und seine Robe im Verdruß darüber hin und her schlug, daß Görings hölzerne Maske zwischen ihn und seinen Klienten fuhr, dann konnte man meinen, ein Bauchredner inszeniere einen Streit zwischen zwei Holzpuppen.

Görings Erscheinung suggerierte eine starke, wenn auch schwer definierbare Sexualität. Es ist eine historische Tatsache, daß seine Liebesaffairen mit Frauen für die Entwicklung der Nazipartei zu verschiedenen Zeitpunkten eine entscheidende Rolle spielten, aber er sah aus wie jemand, der niemals eine Frau aus anderen als freundschaftlichen Interessen anfassen würde. Er glich keinem bekannten Typus Homosexueller, dennoch war er feminin. Manchmal, besonders wenn er guter Laune war, erinnerte er an eine Puffmutter. Seinesgleichen kann man spät vormittags in den Hauseingängen entlang der steilen Straßen von Marseille sehen, die professionelle Maske aus Herzlichkeit noch hart auf den Gesichtern, obwohl sie müßig und entspannt dastehen, während ihre fetten Katzen sich an ihren weiten Röcken reiben.

(Aus dem Englischen von Elke und Gundolf S. Freyermuth)

aus: Rebecca West »Gewächshaus mit Alpenveilchen. Im Herzen des Weltfeindes, Nürnberg, Berlin 1946«, Berlin 1995. Critica Diabolis 52

Über das Proletariat

Wiglaf Droste

Vor drei Monaten kam mir das Proletariat ins Haus, schlagartig und ungebeten wie sonst nur mormonische Bibel und Seelenverkäufer, aber nicht halb so höflich. Es zog einfach ein, in die Wohnung über der, in der ich zur Untermiete wohne. Seitdem nehme ich rege an seinem Leben teil und beobachte und erforsche es mitunter sogar; es bleibt mir auch gar nichts anderes übrig, denn zur Ohrenzeugenschaft seines Daseins hat mich das Proletariat ohnehin vom ersten Tag an verdonnert.

Das Proletariat besteht aus Mann, Frau, diversen Kindern und vielen Sorgen. Je schlechter es materiell gestellt ist, desto höher die Anzahl der Haustiere, die das Proletariat solidarisch an seinem Elend beteiligt; ein Proletariat ohne wenigstens einen Köter ist quasi gar nicht denkbar. Mein Proletariat ist komplett ohne Erwerbsmöglichkeit, bezieht Stütze und beherbergt deshalb etwa ein halbes Dutzend Tiere aller Art.

Früh am Morgen, gegen halb sieben, erwacht das Proletariat. Es öffnet die Fenster und beginnt zu brüllen. So teilt es sich selbst wie auch der übrigen Welt, also zum Beispiel mir, mit, daß es noch da ist und daß es ihm heute ebenso geht wie gestern und wie alle Tage: nicht gut.

Kraftvoll spricht das männliche Proletariat das weibliche an. Dazu benutzt es immer und ausschließlich einen Ausdruck, den ich weder hier noch sonstwo wiedergeben möchte. Zur Aufklärung des Publikums aber sei erwähnt, daß er sich auf die Abkürzung der Potsdamer Straße ebenso reimt wie auf eine umgangssprachliche Form des Begriffs »Erbrochenes«.

Mein Proletariat heißt Komatowski, das männliche sogar: Manne Komatowski. »Ha! Billige Klischees!« ruft jetzt einer dazwischen, ein sich links empfindender ist es wohl, und wenn er »Klischee« sagt, dann muß er auch »billig« sagen, sonst ist es nichts. Pech nur, daß Klischees oft stimmen, zum Beispiel dieses: Menschen, die sich selbst in einem Brustton *Linke* nennen oder *Antifaschisten*, als sei letzteres ein Beruf oder eine anbetungswürdige Sache und nicht schlicht eine Selbstverständlichkeit, sind dumm, denkfaul und selbstgerecht. Wer das nicht glauben will, muß nur den Politikteil einer sich *links* nennenden Tageszeitung lesen.

Mein Proletariat liest nie. Es brüllt. Gerade wieder nach seiner Frau: »Ey komm her, du alte...« – nein, ich sag das Wort nicht. Ist es nicht gut, daß sie sich nie vereinigt haben, die *Proletarier aller Länder*?

Aus: Wiglaf Droste »Brot und Gürtelrosen«, Berlin 1995
Critica Diabolis 54

Die Verdienste der Stasi auf dem Weg zur inneren Einheit

Klaus Bittermann

Hätte es die Stasi nicht gegeben, wären viele Geisteswissenschaftler im Westen arbeitlos, Journalisten und Schriftsteller wüßten nicht mehr, über was sie schreiben sollen, den sogenannten »DDR-Dissidenten« würde ihr Lebenssinn verloren gehen, den Ossis ein wesentlicher Bestandteil ihrer Ostidentität abhanden kommen und selbst das Nürnberger Arbeitsamt hätte Schwierigkeiten, seine Angestellten sinnvoll zu beschäftigen, die sich seit Dezember 1994 damit abmühen dürfen, Aktenschnipsel wieder zusammenzufügen und zusammenzukleben. Auf diese Weise hat die Wiedervereinigung doch noch einen Sinn bekommen und die Stasi einen Beitrag zur Überwindung der Schwierigkeiten beim Zusammenwachsen der zwei deutschen Staaten geleistet.

Heute läßt sich kaum mehr vorstellen, womit die Zeitungen ihre Seiten gefüllt und die Fernsehsender ihre Programme gestaltet hätten, wäre da nicht der Mauerfall und seine Folgen gewesen. Journalisten, die sich immer etwas Neues ausdenken mußten, um im Geschäft zu bleiben, öffnete sich die Büchse der Stasihinterlassenschaft. Die Jahre des Grübelns waren vorbei, die Stasi hatte für den Stoff gesorgt, an dem sich ganze Generationen von Autoren nähren können, die Stasi ist der Ideenlieferant für Talk-Shows, Kabarett, Theaterinszenierungen, Podiumsdiskussionen und dem anschließenden Abdruck des Protokolls, für Features, Feuilleton und Tagesthemen. Sie ist ein Quell der Inspiration für Verlage, Drehbuchautoren und Krimischreiber. Wieviel das öffentliche Leben der Bundesrepublik der Stasi verdankt, das wissen diejenigen am besten, die am meisten vom schlechten Ruf dieses Vereins profitiert haben. Noch im Jahre 5 der neudeutschen Zeitrechnung vergeht kaum ein Tag, an dem die Stasi nicht für eine Schlagzeile sorgt und nicht mit einer neuen Geschichte präsent ist.

Jahrzehntelang hingen ehemalige 68er am Tropf der Bundesanstalt für Arbeit, weil es für den Abschluß des damals so beliebten Studiums der Geisteswissenschaften keine Verwendung mehr gab, nachdem die C4-Professuren an der Universität unter ihnen aufgeteilt, die Redaktionen der Zeitungen und der Rundfunkanstalten besetzt waren und auch die Programmkommission der SPD niemand mehr benötigte. Das änderte sich erst mit der Wiedervereinigung und der Übernahme der riesigen Aktenberge, die die Stasi der Nachwelt vermacht hatte. Wer jetzt keinen Job bekam, war selber schuld, und so geschah es, daß die arbeitslosen Geisteswissenschaftler doch noch einer gemeinnützigen Arbeit zugeführt werden konnten, einer Arbeit übrigens, die maßgeschneidert auf die Altlinken paßte, denn niemandem konnte eine größere Freude mit der Aufarbeitung der DDR-Geschichte gemacht werden als jenen, die nach langen Jahren des Studiums der Schriften von Mao, Enver Hodscha, Trotzki und Lenin mit der gesellschaftlichen Bedeutungslosigkeit ihres Wissens konfrontiert wurden und deshalb auch einmal ein nützliches Rädchen im Getriebe von Staat und Gesellschaft sein wollten. Sie legten einen Eifer und kriminalistischen Spürsinn an den Tag, weil sie sich dafür rächen wollten, daß die Ideologie, der einst ihre Jugendliebe galt, ihnen nicht den Erfolg und Ruhm eingebracht hatte, den sie sich insgeheim immer versprochen hatten. Jeder normale Mensch würde sich noch mit der Lektüre eines Telephonbuchs vom Studium der Dokumente erholen, die kleinbürgerliche Ressentiments, eifriges Denunziantentum und devote Beflissenheit ausdünsten. Nicht so der in den SED-Archiven untergekommene Altachtundsechziger, der sich wundert, daß es stinkt, wenn er an der Mülltonne schnuppert, und dem es ein Erfolgserlebnis ist, wenn er eine kleine Verästelung im Stasigewebe aufgedeckt hat. Und ob es nun die Gespräche zwischen Honecker und Kohl, irgendwelche Ergebenheitsadressen und Hymnen auf die DDR sind oder IM-Berichte an die Stasi, man erfährt es von ihm.

Aber durch solche Vorgänge beweist sich nicht gerade ihre Gefährlichkeit oder Heimtücke. Stattdessen hat die Stasi vielmehr als eine Art Seelsorger gewirkt, der man alles anvertrauen konnte und die Mitteilungen ihrer Bürger Bedeutung dadurch verlieh, indem sie sie archivierte. Die Stasi war eine soziale

Einrichtung, die den Kümmernissen der DDR-Bevölkerung eine fast liebenswürdige Aufmerksamkeit geschenkt hat. Für die Zeit nach ihrem Ableben hat sie Vorsorge getroffen, als sie das ethnologische und statistische Interesse an ihrer gemeinnützigen Tätigkeit berücksichtigte. Als vielleicht etwas primitiver Vorläufer von Infas standen ihr ein Apparat, siebzehn Millionen auskunftwillige Bürger und staatlich garantierte Arbeitsmöglichkeiten zur Verfügung, die Elisabeth Noelle-Neumann vor Neid erblassen lassen dürften. Diese in vierzig Jahren zusammengetragenen Umfrageergebnisse hat sie nun freundlicherweise dem Westen zur Auswertung überlassen.

Und was wäre mit den Opponenten des ehemaligen DDR-Regimes, wenn sie sich nicht an der Stasi abarbeiten dürften, wenn sie die Stasi nicht zumindest als Schimäre hätten, um über sie zu debattieren, sie zu analysieren und zu verurteilen? Gerade die heute im Wiedervereinigungsprozeß so sang- und klanglos untergegangenen ehemaligen Dissidenten haben es verdient, daß es da noch etwas gibt, aus dem sie auch heute noch Selbstwertgefühl schöpfen können, eine in ihrer Bedeutung allgemein anerkannte Institution, von der sie behaupten können, daß diese einmal ihr Gegner war. Und weil, wie alle zutiefst bedauern, es so erbitternd ist, daß ausgerechnet von den ehemaligen Bürgerrechtlern niemand mehr spricht, die doch schließlich die »erste friedliche Revolution auf deutschem Boden« gemacht haben, muß man es der Stasi hoch anrechnen, daß wenigstens sie sich auch nach 1989 um die Verlierer der Einheit kümmert. Wer würde denn heute noch mit dem Namen Jürgen Fuchs etwas anzufangen wissen, wenn er sich nicht mit dem auf die Stasi gemünzten »Auschwitz in den Seelen« unsterblich gemacht hätte, wem würde der Name Bärbel Bohley noch etwas sagen, wenn nicht ein bißchen vom Glanz der bekannten IMs mit den Decknamen »Notar« und »Sekretär« auch auf sie fallen würde, wer würde sich gar an Vera Wollenberger erinnern, wenn sie nicht mit dem Stasi-Mann »Donald« verheiratet gewesen wäre, und wer wollte bezweifeln, daß erst durch seine Beschäftigung mit Stasis und IMs sich auf Wolf Biermann wieder die Kameras zu richten begannen, nachdem es um ihn nach seiner Ausbürgerung still geworden war? Hat die Stasi durch diese fürsorgliche Tätigkeit etwa keinen Dank verdient, indem sie sich selbst um die bedürftigen

Mitglieder der Gesellschaft kümmerte, die sich von der Medienöffentlichkeit so sträflich ignoriert fühlen?

Aber nicht nur auf eine gesellschaftliche Randgruppe hat die Stasi sozialtherapeutisch gewirkt. Sie hat auch den vom Wiedervereinigungsprozeß arg gebeutelten Ossi wieder zu Selbstvertrauen und Identität verholfen. Nicht irgendeiner Identität, sondern der spezifisch ostdeutschen Identität. Davon zeugte das mutige Auftreten von zwei beliebten ostdeutschen Rundfunkredakteuren, die der Mitarbeit bei der Stasi bezichtigt wurden, bzw. sich selbst geoutet hatten. Etwa zweitausend Menschen zogen daraufhin in die Berliner Volksbühne, doppelt so viele wie diese aufnehmen konnte, um ihren gefallenen Helden aus dem Äther zuzujubeln. Der Applaus galt ihnen als Symbol für den ostdeutschen Widerstandsakt, bis zuletzt geschwiegen und sich geweigert zu haben, die eigene Biographie wegzuwerfen, für Ausdauer und Beharrungsvermögen, alles Tugenden, die sich ohne die Stasi überhaupt nicht hätten bilden können. Selbst Sascha Anderson, der dank seiner Stasi-Kontakte vor einigen Jahren einmal kurzfristig im Rampenlicht der Öffentlichkeit stand und seitdem gründlich vergessen wurde, wurde von einer warmen Woge der Sympathie umspült. Die Stasi als identitätsbildendes Mittel wurde bislang nie richtig gewürdigt, obwohl es doch leicht einsichtig ist, daß der Vereinigungsprozeß nur dann von Erfolg gekrönt sein wird, wenn auch die Ostdeutschen Grund haben dürfen, stolz auf ihre Vergangenheit zu sein. Da sollte ihnen niemand hineinreden, denn schließlich mischen sich die Ostdeutschen auch nicht ein, wenn man im Westen nach nationaler Identität schürft und sich dafür aus der unrühmlichen Geschichte bedient.

Alles triftige Argumente, die die Unverzichtbarkeit der Stasi unter Beweis stellen. Hat sie sich nicht schon in Zeiten, als die DDR noch existierte, vor allem auch als Arbeitsbeschaffungsmaßnahme bewährt? Und hat sie diese sehr lobenswerte arbeitsmarktpolitische Maßnahme nicht auch nach ihrer Auflösung erfüllt, als ihr Erbe von der Gauck-Behörde übernommen wurde? Statt sie also zu stigmatisieren, sollte man den hohen Grad an Kompatibilität und die vielseitige Verwendung berücksichtigen, die sie bei allen möglichen Gruppen und Individuen der Gesellschaft gefunden hat. Als Medizin täglich verabreicht, verleiht sie die Kraft der sieben Herzen, und in ihrer always ultra-Funktion ist sie sowohl moralisch reinigend als auch sozial verträglich. Sie paßt auf jeden Kirchentag, denn sie gibt Leuten Hoffnung, die ihre Zukunft bereits hinter sich hatten. Sie ist die Chance der großen Versöhnung, von der alle reden. Sie ist die Würze am Einheitsbrei, den alle auslöffeln müssen. Kurz, der Stasi sollte das Bundesverdienstkreuz verliehen werden. Schließlich hat Martin Walser auch den Dolf-Sternberger-Preis bekommen, ohne daß es irgendeinen Zusammenhang zwischen Autor und Preis gibt, was von den vaterländischen Verdiensten der Stasi nicht behauptet werden kann, denn sie hat den größten Nervensägen im Land zu ihrem Ausdruck verholfen. Und aus diesen Gründen muß den Befürwortern der Stasi-Schlußstrichdebatte klar gemacht werden: Keine Schließung der Stasiakten, niemals!

Aus: Klaus Bittermann »Geisterfahrer der Einheit. Kommentare zur Wiedervereinigungskrise«, Berlin 1995

Panegyrikus

Guy Debord

Was neben den soeben geschilderten Umständen mein Leben durchgehend geprägt hat, war die schnell angenommene Gewohnheit des Trinkens. Die Weine, die harten Getränke und die Biere; die Stunden, in denen sie mir Gebot waren, und die, in denen sie wiederkehrten, haben den Lauf und die Mäander der Tage, Wochen und Jahre bestimmt. Zwei oder drei andere Leidenschaften, von denen ich noch berichten werde, haben in diesem Leben fast durchgehend eine große Rolle gespielt. Diese war jedoch die beständigste und offenkundigste. Was ich von den wenigen Dingen, die ich mochte und auch beherrschte, am besten beherrschte, war das Trinken. Obwohl ich ausgesprochen viel gelesen habe, habe ich noch mehr getrunken. Ich habe zwar viel weniger geschrieben als die meisten, die schreiben, aber viel mehr getrunken als die meisten, die trinken. Ich kann mich zu denen zählen, über die Baltasar Gracián – der dabei allerdings an eine Elite dachte, die es nur bei den Deutschen gäbe, was, wie ich unter Beweis gestellt zu haben glaube, den Franzosen gegenüber sehr ungerecht ist – schrieb: »Es gibt Menschen, die sich nur ein einziges Mal betrunken haben; das hat aber für ihr ganzes Leben ausgereicht.«

Ich, der ich häufig haarsträubende Verleumdungen und zutiefst ungerechte Kritiken über mich lesen mußte, bin einigermaßen überrascht, daß insgesamt dreißig Jahre oder mehr vergangen sind, ohne daß ein Unzufriedener meine Trunksucht zumindest implizit als Argument gegen meine skandalösen Ideen verwendet hätte – mit einer einzigen, im übrigen nicht weit zurückliegenden Ausnahme: der Schrift einiger junger englischer Drogenabhängiger, die um 1980 verkündeten, ich sei nunmehr endgültig vom Alkohol verblödet und könne daher keinen Schaden mehr anrichten. Ich habe keinen Augenblick daran gedacht, diese vielleicht anfechtbare Seite meiner Persönlichkeit zu verheimlichen, und sie stand auch für alle, die mir mehr als ein- oder zweimal begegnet sind, außer Zweifel. Dazu wäre anzumerken, daß es stets nur einige wenige Tage dauerte, bis ich in Venedig wie in Cádiz, in Hamburg wie in Lissabon die allerhöchste Wertschätzung derer genoß, deren Bekanntschaft ich allein dadurch gemacht hatte, daß ich in gewissen Cafés zu verkehren pflegte.

Anfänglich gefiel mir, wie jedem anderen auch, die Empfindung der leichten Trunkenheit, und sehr bald liebte ich schon das, was jenseits der Volltrunkenheit liegt, sobald man dieses Stadium überschritten hat: ein herrlicher, schrecklicher Frieden, das wahre Genießen der vergehenden Zeit. Obwohl ich in den ersten Jahrzehnten vielleicht nur ein- oder zweimal pro Woche leichte Symptome zeigte, ist es eine Tatsache, daß ich oft mehrere Monate lang ständig betrunken war und auch in der übrigen Zeit viel trank.

Die scheinbare Unordnung, die in der großen Vielfalt der geleerten Flaschen herrscht, läßt sich nachträglich durchaus klassifizieren. Unterscheiden kann ich zunächst zwischen den Getränken, die ich in ihrem Herkunftsland, und denen, die ich in Paris getrunken habe; doch fand sich in Paris um die Mitte des Jahrhunderts fast alles, was es zu trinken gibt. Und da wie dort ließen sich diese Orte unschwer noch weiter unterteilen, je nachdem, ob ich zu Hause trank, bei Freunden, in Cafés, in Kellerlokalen, Bars, Restaurants oder aber im Freien, vor allem auf Caféterrassen.

Die Tageszeiten und ihre wechselnden Umstände spielen fast immer eine bestimmende Rolle, wenn es gilt, ein Zechgelage neu zu beleben, und sie wecken stets eine verständliche Vorliebe für eine der Möglichkeiten, die sich anbieten. Da gibt es das, was man vormittags trinkt, und lange kamen da die Biere gerade zur rechten Zeit. In *Die Straße der Ölsardinen* verkündet eine Figur, bei der es sich, wie leicht zu sehen ist, um einen Kenner handelt, daß »nichts köstlicher schmeckt als ein morgendliches Bierchen«. Ich brauchte freilich oft schon nach dem Aufwachen russischen Wodka. Dann gibt es das, was man zu den Mahlzeiten und während der Nachmittage zwischen ihnen trinkt. Es gibt den Wein der Nächte mitsamt den dazugehörigen Schnäpsen, und danach schmecken die Biere wieder; denn Bier macht dann von neuem durstig. Und es gibt das, was man am Ende der Nacht, bei Tagesanbruch trinkt. Man wird verstehen, daß mir all dies recht wenig Zeit zum Schreiben gelassen hat, und das ist auch gut so: das Schreiben muß etwas Seltenes bleiben, da man lange getrunken haben muß, bis einem etwas wirklich Hervorragendes einfällt.

Ich bin in einigen großen Städten Europas viel umhergewandert und ließ mir dort alles schmecken, was es wert war. Ein Katalog wäre umfangreich – bei diesem Thema. Da gab es die Biere aus England, wo man die starken und die leichten in den Gläsern mischt, und die großen Münchner Krüge, und die irischen, und das klassischste von allen, das tschechische Pilsner, und die köstliche barocke Verschrobenheit jener Gueuze in der Umgebung von Brüssel, die in jeder Dorfbrauerei einen anderen, unverwechselbaren Geschmack hatte und keine langen Reisen vertrug. Da gab es die Obstbrände aus dem Elsaß, den Rum aus Jamaika, die Punsche, den Aquavit aus Aalborg und die Grappa aus Turin, den Cognac, die Cocktails; den unvergleichlichen Mezcal aus Mexiko. Da gab es alle Weine Frankreichs – die besten kamen aus dem Burgund –, die Weine Italiens, vor allem den Barolo der Langhe, die Chiantis der Toskana, und die Weine Spaniens, wie die altkastilischen Riojas oder den Jumilla aus Murcia.

Ich hätte nur selten an Krankheiten gelitten, wenn mir nicht der Alkohol mit der Zeit einige eingebracht hätte: von der Schlaflosigkeit über Schwindelanfälle bis hin zur Gicht. »Schön wie das Zittern der Hände beim Alkoholismus«, heißt es bei Lautréamont. Es gibt Vormittage, die ergreifend, aber mühsam sind.

»Törichtes zu verbergen ist besser, als es öffentlich vorzubringen – schwer aber ist es in der Ermüdung und beim Wein«, meinte Heraklit. Und dennoch schrieb Machiavelli an Francesco Vettori: »Dem Leser unserer Briefe [...] müßte es zunächst scheinen, wir wären ernsthafte, ausschließlich hehren Dingen ergebene Menschen, und unsere Herzen vermöchten keine anderen Gedanken zu fassen als ehrenhafte und großmütige. Dann aber, wenn er die Seite umgeblättert hätte, würden ihm dieselben Menschen als leichtfertig erscheinen, als unbeständig, schamlos und völlig den irdischen Nichtigkeiten verfallen. Und sollte jemand eine solche Wesensart als würdelos verurteilen wollen, so möchte ich sie dennoch loben, da wir die Natur nachahmen, die launisch ist.« Vauvenargues hat eine Regel formuliert, die leider in Vergessenheit geraten ist: »Um

Guy Debord

sagen zu können, daß ein Schriftsteller sich widerspricht, muß es unmöglich sein, ihn mit sich selbst in Einklang zu bringen.«

Manche meiner Gründe zu trinken sind im übrigen durchaus achtenswert. Wie Li Po kann auch ich eine noble Genugtuung zur Schau tragen: »Seit dreißig Jahren verstecke ich meinen Ruhm in den Schenken.«

Weder ich noch die, die mit mir tranken, haben uns auch nur einen Augenblick lang unserer Exzesse geschämt. Wir hatten »an der Festtafel des Lebens« Platz genommen, wenigstens da verträgliche Zechgenossen, und es wäre uns nie in den Sinn gekommen, daß all das, was wir so verschwenderisch tranken, daraufhin nicht mehr für jene ersetzt werden könnte, die nach uns kommen würden. So weit die Säufererinnerung reicht, hat sich nie jemand vorzustellen vermocht, daß die Getränke vor dem Trinker aus der Welt verschwinden könnten.

(Aus dem Französischen von Wolfram Bayer)

aus: Guy Debord »Panegyrikus«, Paris 1989, Berlin 1997
Critica Diabolis 60

Die Politik der Erinnerung

Jane Kramer

Zwei Jahre, bevor die Mauer fiel, verkündete eine hiesige Fernseh-Talkmasterin mit Namen Lea Rosh, daß Berlin eine Gedenkstätte für die sechs Millionen Juden bekommen solle, die in Europa während des Zweiten Weltkriegs starben. Sie versammelte eine Liste berühmter Namen – darunter Willy Brandt, Günter Grass und Christa Wolf – und startete eine Zelebritäten-Version dessen, was Deutsche eine »Bürgerinitiative« nennen. Binnen weniger Jahre hatte sie einen Zwölf-Millionen-Dollar-Etat für ihre Gedenkstätte beisammen. Sie hatte ein Versprechen von Helmut Kohl über ein Berliner Grundstück im Wert von hundertvierzig Millionen Dollar, auf dem sie sie errichten konnte – über zwanzigtausend Quadratmeter zwischen Pariser Platz und Leipziger Platz in der Nähe des Brandenburger Tores, die einst Niemandsland waren und die nun die Mitte der Stadt bilden. (Es hieß, das Land läge über den Ruinen von Hitlers Bunker, doch nachdem verkündet worden war, daß »an der Stelle des Täters der Opfer gedacht werden sollte«, stellte sich zu jedermanns Beschämung heraus, daß das Land über dem Bunker von Hitlers Fahrer liegt.) Bonn beteiligte sich. Der Berliner Senat beteiligte sich. Trotz (oder vielleicht wegen) Lea Roshs eigener Berühmtheit und ihrer unablässigen Werbekampagne gab es so viel Kontroversen um ihr Holocaust-Gedenkstätten-Projekt, daß das Projekt selbst zu einer scheußlichen öffentlichen Unterhaltungsveranstaltung wurde. Als das Befreiungsjahr gekommen war, wetteiferten fünfhundertachtundzwanzig Künstler und Architekten um die Chance, die Gedenkstätte zu errichten – »die Seele Deutschlands«, sagte der Berliner Schauspieler und Schriftsteller Hanns Zischler trocken, nachdem er ihre Entwürfe gesehen hatte –, und jeder in Berlin stritt darüber, wie die Definition eines Holocaust-Opfers lauten sollte.

Rosh ist eine Grande Dame der Medien von achtundfünfzig Jahren, mit einer Neigung zu straßbesetzten Bifokalbrillen, tiefausgeschnittenen, schwarzen Bustiers und himbeerfarbenen Kostümen, die zu dem goldgesprenkelten, nierenförmigen himbeerfarbenen Acryl-Tisch in ihrem Hannoveraner Büro passen, in dem sie Besucher empfängt und den Holocaust diskutiert, während sie an einem Glas Weißwein nippt, Post beantwortet und Autogrammfotos signiert. Sie ist in Deutschland berühmt dafür, wie sie sich selbst einen Namen gemacht hat, und sie zeigt einigen Eifer, wenn es um ihr Image und ihren Ruf geht. Manchmal sagt sie, daß ihr die Idee zu einer Holocaust-Gedenkstätte gekommen sei, als sie und ein Stuttgarter Historiker namens Eberhard Jäckel gemeinsam an einem Dokumentarfilm über Kollaboration arbeiteten. Manchmal sagt sie, sie sei darauf gekommen, als sie die Gedenkstätte von Yad Vashem in Israel besuchte. Doch sie läßt nie Zweifel daran, daß die Idee von *ihr* stammt. Leute, die ihre Karriere von der Gastgeberin einer Talkshow zur Programmdirektorin des Norddeutschen Rundfunks verfolgt haben, sagen, gleichgültig welche Inspiration sie nun beansprucht, nachdem sie die Idee einmal hatte, habe kein Weg mehr an dem Projekt vorbeigeführt.

Rosh ist im, wie ihre Kritiker es nennen – immer auf englisch – »Shoah-Business« (wie in, bedauerlicherweise, »There's no business like Shoah business«), obwohl festgehalten werden muß, daß viele dieser Kritiker selbst in dem Geschäft sind, Teil eines florierenden neuen deutschen Industriezweigs für Bücher und Aufsätze und öffentliche Kunst und Gedenkfeiern, die dem Holocaust gewidmet sind. Gegenwärtig werden die Deutschen von einer komplizierten Übung in »Solidarität«, wenn nicht gar Identifikation mit Hitlers Opfern absorbiert. (Der Schriftsteller Eike Geisel nennt das den »Juden-Neid«.) Juden leben kaum in Deutschland. Es gab lediglich rund achtundzwanzigtausend vor dem Fall der Mauer; jetzt sind es sechzigtausend. Aber es gibt eine erstaunliche Zahl von Deutschen, die ihre Solidarität mit den Juden verkünden, indem sie in Synagogen sprechen und ihre Freunde zu Seder-Feiern einladen und ihren Kindern gar hebräische Namen geben – den Polen vorführend, erzählte mir hier jemand, daß es in einem Land ohne Juden ebenso leicht fällt, Juden zu lieben wie sie zu hassen. Lea Rosh gab sich, passenderweise, *selbst* den jüdischen Namen. Sie ging auf das Berliner Standesamt und legte »Edith« ab – und wurde rechtmäßig zu »Lea«. Sie erzählt den Leuten gern, daß ihre beste

Freundin eine Jüdin namens Rachel und daß ihr Mann »Jakob« ist. Sie scheint jüdisch zu »fühlen«. Sie fühlt jüdisch nicht so sehr, weil sie selbst teilweise jüdisch ist – der Vater ihrer Mutter war ein Berliner Jude –, sondern mehr, weil sie die Identifikation mit dem Jüdischsein als eine deutsche Pflicht erfüllt. Manche Deutsche gehen ganz einfach davon aus, daß sie jüdisch ist – wegen ihres Namens und weil sie, wie es in der verkrampften Rhetorik heißt, die Philo- und Antisemiten gemeinsam ist, jüdisch »aussieht«. Sie ist dreist und ein wenig ordinär. Und sie zeigt sich auf eine entnervende Weise enthusiastisch beim Thema des jüdischen Leidens – ein Enthusiasmus, der manche Juden, die ich in Berlin kenne, gerührt hat und andere schockiert; von letzteren erinnern sich viele an den Tag, an dem sie in ihrer Talkshow eine Überlebende aus den Lagern namens Cordelia Edvardsson interviewte und sie in einer heiteren, wenig Umstände machenden Fernsehstimme fragte: »Fräulein Edvardsson, wie sind *Sie* nach Auschwitz gekommen?« Fräulein Edvardsson schaute kühl auf und sagte: »Mit dem Zug, Fräulein Rosh.«

Ich traf Rosh im vergangenen Winter an dem Tag, als sie den Schnitt eines Kurzfilms über die Befreiung Bergen-Belsens abschloß. Der Film war aus einem berühmten Stück Filmmaterial des British Imperial War Museum zusammengestellt, das Filmfans als die Hitchcock-Rolle kennen, weil Alfred Hitchcock beim Schnitt geholfen hat. Rosh erwähnte Hitchcock allerdings nicht. Sie zeigte kein großes Interesse an irgend jemand anderem, von dem sich sagen ließe, daß auch er im Shoah-Business sei. Sie gab mir zu verstehen, daß auf Grund ihrer Initiative die Stadt Hannover ein Holocaust-Denkmal in der Nähe des Opernplatzes besaß, in das die Namen aller aus Hannover Deportierten in Stein gemeißelt waren, und ich hatte bereits in Berlin Gerüchte gehört, daß sie und ihr Mann Jakob – Jakob Schulze-Rohr ist Stadtplaner – dabei waren, ein weiteres Denkmal zu bauen, ein kleines Denkmal, das ganz allein ihr Werk war, und das sie der Station Grunewald stiften wollten, wo einst die Züge für die Lager warteten. Lea Rosh hatte Schwierigkeiten in Hannover bekommen, wo manche Leute überhaupt kein Denkmal wollten und wo die Leute, die eines wollten, sich unaufhörlich darüber beklagten, daß sie herrisch und ungeschickt sei. Und sie hatte ganz gewiß Probleme in

Jane Kramer

Berlin. Viele Berliner Intellektuelle standen ihrem Projekt von Anfang an ablehnend gegenüber. Sie schrieben Artikel im *Tagesspiegel* und hielten Reden im Literaturhaus, in denen es hieß, daß Deutschland kein »Recht« auf die Erinnerung an seine Opfer habe. »Andere Leute«, sagten sie, »aber nicht Deutschland.« Sie argumentierten, daß die Erinnerung an den Holocaust den Juden gehörte, die ihn überlebt hatten – daß es nicht nur eine Frage der Identität war, sondern auf eine gewisse Weise des Eigentums. Sie versuchten, Rosh davon zu überzeugen, daß eine Holocaust-Gedenkstätte in Israel etwas ganz anderes bedeutete als eine Gedenkstätte in der Mitte dessen, was einmal Hitlers Reich war. Sie meinten, daß die Errichtung eines solchen Denkmals im Schatten des Brandenburger Tores lediglich zu jener Verwirrung zwischen »Tätern« und »Opfern« beitragen würde, die Kohls Vorhaben kennzeichnete, die Vergangenheit aufzuheben, indem er die Niederlage in eine Befreiung verwandelte und Nazi-Deutschland in ein Deutschland, das Hitler erobert hatte.

(Aus dem Amerikanischen von Elke und Gundolf S. Freyermuth)

Aus: Jane Kramer »Unter Deutschen. Briefe aus einem kleinen Land in Europa«, Berlin 1996 Critica Diabolis 63

November

Fritz Eckenga

November, schwarzer Monat Du
Kehrst stets wieder, gibst nicht Ruh'
Schickst uns neue dreißig Tage
Dunkeldüstergraue Plage.

Bleichst fahle Blässe in die Wangen
Machst Gesichter traurig hangen
Pflanzt unzählig Depressionen
Sorgst für unbespielbar Boden
Brichst das Licht mit klebrig Nebel
Hebst mit eklig Regen Pegel
Läßt die Winde grausig tosen
In unseren langen Unterhosen.

Schleichst Dich schleimig an uns ran
Doch wir wissen deutlich wann
Deine Marter übel droht
Spätestens wenn Hundekot
Wässrig sich mit Baumlaub quetscht
Unter unsere Gummisohlen.
November, kannst uns nicht verkohlen
Zu bestialisch fault Dein Odem
Auf unserem teuren Teppichbodem.

November, alter Leichenschänder
Los! Sag an! Schmeißt Du ne Lage
Schnaps auf Deine Totentage?
Hast so viele wie kein zweiter
Kadaverfürst, vermaledeiter
Wirst hemmungslos uns wieder quälen
Mit Buß und Bettag, Allerseelen
Und heuer, ach, es ist gar greißlig

Mit Todestag des starken Schutzwalls
Der am Neunten Deiner dreißig
Vor acht langer Jahre Frist
Viel zu früh verendet ist.

November, Sack, Du sollst verrecken!
Am besten mit dem Pack der Jeken
Die sich an Deinem Elften wecken
Mit Humba, Ententanz und Prost –
Vielleicht bringt ja Dezember Trost
Und richtet Euch mit starkem Frost.

Ich komm' zum Schluß mit dem Gedicht:
November, bist ein Arschgesicht!

Dieses Gedicht erschien am 31. Oktober 1996 auf der »Wahrheit«-Seite der *taz*. Daraufhin erhielt die Redaktion einen Leserbrief von Hannah:

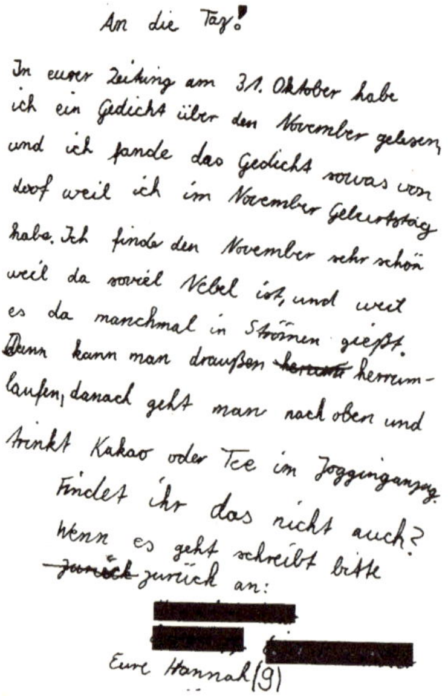
An die Taz!

In eurer Zeitung am 31. Oktober habe ich ein Gedicht über den November gelesen, und ich fande das Gedicht sowas von doof weil ich im November Geburtstag habe. Ich finde den November sehr schön weil da soviel Nebel ist, und weil es da manchmal in Strömen gießt. Dann kann man draußen ~~herum~~ herrum-laufen, danach geht man nach oben und trinkt Kakao oder Tee im Jogginganzug.
Findet ihr das nicht auch?
Wenn es geht schreibt bitte ~~zurück~~ zurück an:
[redacted]
Eure Hannah (9)

So gesehen hat Hannah natürlich recht, und deswegen...

November
Der Widerruf

November, Held der Monatsrecken
Schützend dick sind Deine Decken
Wärmst mit dichten Baumlaubmatten
Sowohl den Wurm in Herbstrabatten
Als auch die kalten Gehwegplatten
Die unser Trottoir belegen
Für jeden fröstelnd' Zeh ein Segen
Sofern die Nachbarn nicht gleich fegen

November, deckst uns zu mit Güssen
Legst die nassen Nebelkissen
Dämpfend auf das Ach und Krach
Hältst Laut und Lärm gekonnt in Schach
Spitzer Ton wird mählich flach
Ruhe senkt sich auf das Dach
Unter dem die klammen Socken
Dampfend überm Ofen trocknen.

Warme Stube macht uns Nicken
Da meldet sich Dein kleiner Schalk
Willst uns wohl ein Stürmchen schicken
November, großer Blasebalg!
Nur zu! Tob' Dich nur tüchtig aus!
Wir gehen heute nicht mehr raus
Schließen jede Fensterlade
Wickeln Plaid um Fuß und Wade
Und schlürfen heiße Schokolade.

Wir lieben Dich für Deine Launen
Für stilles Schweigen, lautes Raunen
November, bleib' so, wie Du bist
Und sei zum Dank dafür geküßt.

Aus: Fritz Eckenga »Kucken, ob's tropft. Trockene Geschichten und dichte Gedichte«, Berlin 1997
Critica Diabolis 66

Alleine oder mit Freunden ins Kino gehen?
Eine Aporie

Kurt Scheel

Erfolgreich ins Kino gehen ist bekanntlich nicht einfach. So bist du zum Beispiel nicht im Stand der Gnade, wenn du alleine ins Kino gehst: ein Gezeichneter unter all diesen Pärchen und fidelen Jungmännerrädeln – wenn doch wenigstens das verdammte Licht endlich ausginge, auf daß die Dunkelheit des Kinos dich verschluckte und das Geflüster und Geturtel der anderen, der Glücklichen, aufhörte!

Schlimmer noch als diese quälenden Minuten vor Beginn der Vorstellung ist es, wenn sie zu Ende ist. Du blickst sehr cool und souverän, damit niemand auf den Gedanken kommt, dir fehle etwas, und wenn dann die anderen in die umliegenden Lokale strömen, um sich sinnlos mit Alkohol zu betäuben und ihre flachen, kenntnisarmen Kommentare abzugeben (»Ich finde, daß Emil Costarica ohne die blindsprachliche, äh: bildsprachliche Grammatik Godards gar nicht zu denken ist«), dann gehst du selber gemessenen Schrittes und ernsten Antlitzes in deine häusliche Hölle: einsamer nie!

Jetzt sagen Sie zu Recht: Dann geh doch nicht alleine ins Kino, sondern mit Freunden, anstatt uns hier die Hucke vollzujammern. Vielen Dank für den guten Rat! Aber was ist, wenn die guten Freunde diesen Film, den du ausgesucht hast, nicht mögen? Wenn sie geräusch- und vorwurfsvoll ihre Hintern alle paar Minuten hin- und herschieben – sie wollten ja den neuen Film von Jane Campion sehen (schon *Das Piano* war der reine Politkitsch gewesen) – und dir, sensibel, wie du bist, ein schlechtes Gewissen zu machen versuchen?

Dabei ist *Jane Austens Verführung* trotz des blöden Titels wirklich bemerkenswert; eine kleine, billige Produktion, ursprünglich wohl nur fürs BBC-Fernsehen gedacht, die gleichwohl oder gerade deshalb die genaueste, einfühlsamste, der

Literatur Jane Austens gemäßeste Verfilmung geworden ist; als sähe man auf der Leinwand, was sonst nur im Buch zu finden ist, in den Worten dieser wunderbaren Autorin: »ein winziges Stück – zwei Zoll – Elfenbein, auf dem ich mit so feinem Pinsel male, daß nach zäher Arbeit wenig Wirkung sichtbar wird«.

Das schöne, fortschrittliche Grundmotiv des Austenschen Werkes, es komme auf Charakter an, auf Intelligenz und Bildung, nicht auf Äußerlichkeiten, auf Herkunft und Aussehen, wird in diesem Film ganz ernst genommen: Die Heldin ist tatsächlich, was das Kino fast niemals sich traut, nicht hübsch; wenn wir sie am Schluß dennoch lieben und so froh sind, daß sie ihr Glück gefunden hat, dann deshalb, weil sie eine schöne Seele ist (insofern war Emma Thompson in *Sinn und Sinnlichkeit* eine falsche, weil zu attraktive Besetzung). Und das ist nicht nur im Sinne der Autorin und ihrer Romane, sondern auch in unserem; denn nur wenn es auf Intelligenz und Charakter, auf wahre Herzensbildung ankommt, nicht auf eine hübsche Larve, bleibt uns eine kleine Hoffnung...

Die »guten Freunde« aber, kaum sind wir draußen, fangen schon zu nörgeln an: Die Heldin sei häßlich gewesen, der Film billig und auch langweilig – natürlich hätte ich nun sarkastisch fragen können, ob sie schon mal was von Austen gelesen hätten, ob ihnen da nicht aufgefallen sei, daß es kaum Verfolgungsjagden, Schießereien und sonstige Äktschen gebe, daß es in Austens Welt eher unspektakulär zugehe, ja, daß der Austen-Lektüre ein gewisses würdevolles Moment von Langeweile eigne?

Ich habe das nicht gefragt, Sie kennen mich: Ich bin höflich und zurückhaltend, Rechthaberei ist mir ein Greuel – aber die an sich ja begrüßenswerte Political Correctness darf doch nicht so weit gehen, daß die Wahrheit geleugnet wird! Und wahr ist, nebenbei, daß Ihr »guter Rat«, mit Freunden ins Kino zu gehen, offensichtlich ein Schuß in den Ofen war. Ich werfe Ihnen das nicht vor, aber vielleicht sollten Sie in Zukunft etwas weniger vorlaut dazwischenreden.

Das Problem mit Freunden und Bekannten liegt einfach darin, daß sie häufig ohne »sense and sensibility« (!) nicht nur eine (angeblich) »eigene« Meinung haben, sondern auch noch auf ihr bestehen, wenn man ihnen in aller Ruhe erklärt hat, warum das unangebracht ist. Um Mißverständnisse zu vermeiden: Ich habe nichts gegen kontroverse Diskussionen auf der Grundlage einer herrschaftsfreien Kommunikation, ich bin Demokrat, und vielleicht mehr als manch anderer! Jeder soll seine eigene Meinung haben, aber doch nicht ausgerechnet, wenn wir uns über Filme unterhalten!

Aus: Kurt Scheel »Ich & John Waye. Lichtspiele«,
Berlin 1998
Critica Diabolis 74

Kurt Scheel mit seinem Vorbild

Die Fähigkeit zu mauern
Das Holocaust-Denkmal als nationale Kuschelecke

Eike Geisel

In der begründeten Hoffnung, ihre Kunden verschmerzten dann leichter die rapide Verschlechterung ihrer Dienstleistungen, hat die Bundespost beschlossen, Briefmarken mit einem neuen Aufdruck zu versehen. Auf den neuen Postwertzeichen steht nur noch »Deutschland«, die Bezeichnung für die politische Form des Gemeinwesens, »Bundesrepublik«, entfällt. Wer seine Post nun mit noch größerer Verspätung erhält, darf sich mit der nationalen Botschaft des Aufklebers trösten; wer künftig einen Brief frankiert, entrichtet keine bloße Beförderungsgebühr mehr, sondern einen Solidaritätszuschlag. Ab jetzt werden Beitragsmarken geklebt.

Wer indes nicht nur mit der Zunge, sondern auch mit dem Herzen dabei sein möchte, wie die Bundesrepublik sich in Deutschland verwandelt, der schenkt dem kleinen, gezackten Viereck weniger Aufmerksamkeit als den großen Symbolen, den Gedenkstätten, Museen und Denkmälern, in denen die Deutschen ihre nationale Identität verewigen wollen. Und das größte Symbol ist das Holocaust-Denkmal, das in Berlin errichtet werden soll.

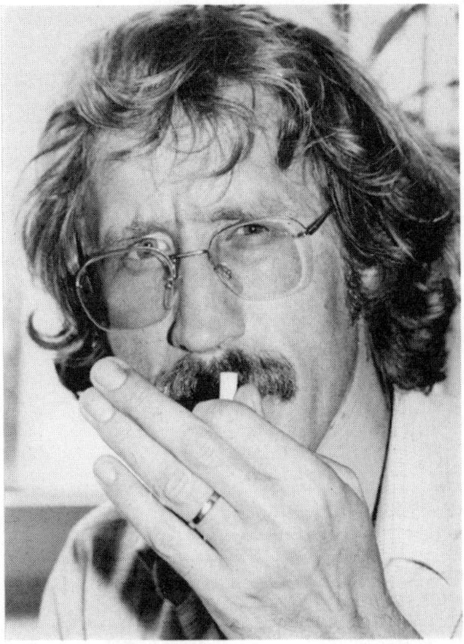
Eike Geisel

Waren die Juden Europas vordem wegen nichts und für nichts ermordet worden, so sollen sie nun, ein halbes Jahrhundert nach Auschwitz, endlich den Profit abwerfen, den man damals nicht aus ihnen hatte ziehen können: Nach fünfzigjähriger Lagerfrist im Nirgendwo sind die Seelen der Ermordeten zu jenem süßen Stoff vergoren, durch dessen Verzehr die Deutschen endlich Geschmack an sich selber finden wollen. Und der Ort dieser frivolen Kommunion wird das Holocaust-Denkmal sein. Es wird zum Monument der Vernichtungsgewinnler, die hier dann die Messe eines neuen Kollektivs zelebrieren, das sich wahlweise Erinnerungsgemeinschaft, Verantwortungs- oder Wertegemeinschaft, vorzugsweise aber – so die Initiatoren des Projekts – »Land der Täter« nennt. Dank der Ermordeten haben sie sich zu diesem Reich der Dritten Art zusammengefunden, wie um die Plausibilität des Kollektivschuldvorwurfs auch im nachhinein zu demonstrieren.

Vor einem Jahrzehnt waren sie noch auf der Suche nach Mutti und Vati gewesen, um die durch die Geschichte zerrissenen Familienbande wieder zusammenzuknüpfen. Lieber einen Nazi als gar keinen Vater, so lautete die Devise, unter der sich die Bewältiger damals zusammenrotteten. Ihr familiäres Verhältnis zur Vergangenheit findet nun, wo sie mit der Auffassung ernst machen, die Familie sei die Keimzelle eines Volkes, seine logische Fortsetzung in Stahl und Beton von gigantischen Ausmaßen. Das künftige Holocaust-Denkmal, keineswegs so handlich wie etwa die Erzählung *Vati*, ist vor allem Ausdruck eines heftigen Wunsches seiner Befürworter: Sie wollen lieber ein »Land der Täter« als gar keine nationale Kuschelecke. Und insofern ist die Hauptinitiatorin des Projekts, Lea Rosh, nur eine Art Fortsetzung Peter Schneiders mit anderen Mitteln.

Das geplante Denkmal, konzipiert als nationale Weihestätte mit Vorgaben zur »Annäherung an das Denkmal durch die Bevölkerung« und zur »Annäherung im Rahmen staatlicher Anlässe«, ist freilich nur der rituelle Schlußstein einer jahrelang gepflegten Bemächtigungspraxis. In deren Verlauf haben sich die Landsleute bei Ausstellungen, Seminaren, Kursen und Betroffenheitsprojekten aller Unart über die imaginierten Eigenschaften der vertriebenen oder umgebrachten Juden hergemacht, um angeblich herauszufinden, was jüdisch sei. Am Ende sagen sie voller Inbrunst: »Wir Deutsche«. Sie haben sich bei diesem spirituellen Kannibalismus nicht anders verhalten als die Angehörigen eines wilden Stammes, die das Gehirn oder andere Körperpartien des getöteten Feindes verspeisen, um dessen eingebildete Qualitäten auf sich zu übertragen. In der Bundesrepublik hatte die völkische Wahrnehmung und Inbesitznahme der Ermordeten die Form einer kollektiven Selbsttherapie angenommen. Aufgrund dieser Erfahrung können nun viele Zeitgenossen den Juden wieder erklären, wie sie sich als solche zu verhalten hätten. Manche pochen dabei auf mehr als die durch den geistigen Verzehr erworbenen Kenntnisse von Folklore und Religion, sie reklamieren verwandtschaftliche Beziehungen.

Die Fernsehjournalistin Lea Rosh war, wie sie einmal gegenüber der *Zeit* ausplauderte, über die Beschäftigung mit dem administrativen Massenmord (den sie lieber Völkermord nennt) zur Neigungsjüdin geworden, weshalb sich die arische Edith dann Lea rufen ließ. In ihrem Fall blieb es freilich nicht bei Neigung und Wahlverwandtschaft, also bei den durchschnittlichen Zudringlichkeiten, derer sich die Juden erwehren müssen. Sie unternahm den erfolgreichen Versuch, die toten Juden unter deutsche Vormundschaft zu bringen. Einspruch von den Überlebenden blieb aus. Und wenn man heute in Deutschland das Wort Holocaust hört, denkt man deshalb unwillkürlich an eine GmbH unter dem Vorsitz von Lea Rosh.

Ihr und ihren Mitstreitern zufolge sollte sich die Monstrosität des Verbrechens in die Dimension des Mahnmals übersetzen. Es sollte, wie der Direktor des Jüdischen Museums in Berlin, Amnon Barzel, lakonisch kommentierte, »eine große Sache auf einem riesigen Areal« entstehen. Außerdem mußte man gegen die Konkurrenz bestehen, gegen Israel, »die da natürlich ganz anders rangehen« (Lea Rosh), und natürlich gegen die USA, deren Griff nach dem deutschen Eigentumsrecht an den Ermordeten Lea Rosh besonders empörte, als in Washington das Holocaust-Museum ohne ihre Zustimmung gebaut wurde. Schließlich galt es, sich gegen falsche Mündel abzusichern, die es sogar hingenommen hätten, von der Denkmalsinitiative unter Kuratel gestellt zu werden. Zigeuner nicht erwünscht, ließ die eingebildete Jüdin von ihrem Ehemann Jakob Schulze-Rohr, dem Geschäftsführer des Denkmalvereins, erklären: »Die reinrassigen Zigeuner wurden geschont und als interessante Rasse anerkannt. Die wurden nicht verfolgt [...] Wir wollen einfach verhindern, daß durch eine Pauschalisierung alles in einen Topf geworfen wird.«

Als die Jury Ende März zwei erste Entwürfe prämierte, eine überdimensionale, schräg ansteigende Grabplatte und ein Geviert aus Stahlträgern, da kaprizierte sich die Kritik vornehmlich auf ästhetische Fragen: »monumental und offiziös«, »Schwere des Materials« (*taz*), »heroisches Zeichen« (Museumsdirektor Barzel), »jämmerliche Materialschlacht« (3. Preisträgerin Renata Stih). Leser fragten besorgt: »Wie wäre es mit Zärtlichkeit, der Aufforderung zum Verweilen, mit konkretem Leben?« Andere rechneten vor, daß für das Eingravieren der Namen aller Ermordeten, sollten diese Namen eine andere Schriftgröße haben als die Buchstaben auf dieser Seite, eine Grabplatte von der dreifachen Größe des zur Verfügung stehenden Grundstücks erforderlich wäre. Einhundert Graveure wären 30 Jahre beschäftigt, und es entstünden Lohnkosten von rund 300 Millionen Mark. Eine »Machbarkeitsstudie« sollte Auskunft geben über die Fähigkeit zu mauern.

Man könnte zur Finanzierung der Platte, schlägt die Denkmalsunternehmerin vor, auch einen toten Juden adoptieren und für dessen Namenszug zahlen. Aus Neigungsjuden würden durch diese postmortale Zwangsadoption dann vollwertige Nachkommen der Toten. Und damit wäre das Holocaust-Denkmal der Stein der Waisen, die endlich ihre Eltern gefunden haben.

Die neuen Erbschleicher vergreifen sich deshalb auch gleich an der Tradition ihrer annektierten Vorfahren und wollen die Grabplatte mit Felssteinen aus Massada garnieren. Dort hatten Juden zur Zeit der römischen Besatzung kollektiv Selbstmord begangen. Für diesen frühen Schritt in die richtige Richtung werden sie nun spät von den Deutschen geehrt, die leider jenem Heroismus zwölf Jahre lang etwas nachhelfen mußten.

Alle beteuern ihre gute Absicht. Und genau die gilt es zu fürchten. Niemand hat bei dem Dreischritt von der Humanität über die Nationalität zur Frivolität je die Frage gestellt, mit welchem Recht sich Deutsche so fürsorglich an den Ermordeten vergreifen. Walter Benjamins Warnung, daß die Sieger vor den Toten nicht Halt machten, wäre für Lea Rosh das Geschwätz »ewiger Besserwisser«. Zu diesen gehört auch Julius Posener, der aus der Emigration zurückgekehrte Architekturhistoriker. Schon 1985 schrieb er: »Nach vierzig Jahren habt ihr das Recht auf ein Mahnmal an diesem Ort verwirkt.«

Und warum melden sich die Juden nicht zu Wort gegen diesen Diebstahl ihrer Erinnerung? Sie sind die lebenden Ausstellungsstücke in einem Land, das kein nationales Holocaust-Museum braucht, weil es selbst eines ist. Ihre zaghaften Einwände nehmen sich aus wie Feigheit vor dem Freunde, dessen Zuneigung sie sich nicht sicher sein können. Je bohrender ihre Zweifel, desto heftiger schmiegen sie sich an die Macht an. Sie zahlen nun an Lea Rosh den Preis für das Geschenk, das sie dem Kanzler gemacht haben. In der Neuen Wache haben sich die Opfer den Tätern beimengen lassen. Jetzt müssen sie die Umklammerung durch den Sieger hinnehmen.

Aus: Eike Geisel »Triumph des guten Willens. Gute Nazis und selbsternannte Opfer. Die Nationalisierung der Erinnerung«, Berlin 1998

Critica Diabolis 75

Gast ohne Recht
Über eine neue Kampfvokabel

Roger Willemsen

Da sitzen sie nun, die aus fernen Ländern, fernen Miseren, fernen Folterverliesen nach Deutschland Entkommenen, sitzen in ihrem Traum, in einer Baracke mit wenigen Waschräumen, wenigen Toiletten, zwischen Fremden, oft jahrelang auf sechs Quadratmetern, oft von Demonstranten, Brandstiftern, Staatsvertretern bedroht, und wenn sie eines ihrer demokratischen Rechte, die man zwar besitzt, aber lieber nicht in Anspruch nimmt, also, wenn sie von ihrem Demonstrationsrecht Gebrauch machen, dann werden sie vom Präsidenten, vom Kanzler, vom Innenminister und von den Fernsehmoderatoren, von der alten wie der neuen Garde mit einer Vokabel bedroht, die in jedem Jahr die Vorausscheidung zum »Unwort des Jahres« gewinnen sollte: Das Wort »Gastrecht« wird gerade von einem Terminus der in Antike und Mittelalter gepflegten Sozialmoral zu einem modernen Kampfbegriff umgeschmiedet.

Wer in Wirklichkeit ein Unerwünschter ist, den nennt man Gast, und was man gegen ihn mobilisiert, um ihn schneller loswerden zu können, das nennt man sein Gastrecht. Niemand hat je sagen hören, »kommen und genießen Sie Ihr Gastrecht« oder »wir freuen uns, Sie hier dem Schutz unseres Gastrechts unterstellen zu können«. Nein, unser »Gastrecht« existiert nur ex negativo, und auch unsere »Gastfreundschaft« wird nicht freiwillig gewährt. Sie ist abgetrotzt, herbeiprozessiert, zähneknirschend eingeräumt, und deshalb ist von »Gastrecht« auch nur noch die Rede, wo es »mißbraucht« oder »verwirkt« sein soll. Niemand weiß, was dieses »Gastrecht« juristisch eigentlich bedeutet, aber jeder weiß, daß es von den Kurden, den »gewaltbereiten Kurden« verletzt wird. Deshalb erleben wir gerade wieder einen jener historischen Augenblicke, in dem die *Bild* nicht vulgärer formulieren kann, als es Kohl, Kanther und Kinkel ehemals vor-, und Schily und Schröder jetzt nachmachen. »Wer das Gastrecht kriminell mißbraucht, hat in

Deutschland nichts zu suchen«, schreibt *Bild*, »wer sein Gastrecht mißbraucht, hat sein Aufenthaltsrecht verspielt«, paraphrasiert Klaus Kinkel. Damit haben sie ja schon *zwei* Rechte, seufzt der benachteiligte Deutsche und fragt nicht, worin das Gastrecht eigentlich besser sein soll als das gemeine Aufenthaltsrecht.

Da wir aber nun einmal ein Gastrecht konzedieren, dürfen wir selbst uns wohl »Gastgeber« nennen. Das klingt, als stünden wir immerzu an der Schwelle, um die Fremden hineinzukomplimentieren. In Wirklichkeit unterhalten wir erhebliche Streitkräfte der Judikative und der Exekutive aus keinem anderen Grund, als das Fernbleiben der Gäste zu gewährleisten, indem wir ihnen die Einreise, den Aufenthalt, die Arbeit verwehren, ihre Fluchtmotive diskreditieren, ihre Familien trennen, ihre Ehen ausforschen und demokratische Errungenschaften aberkennen, auf die wir Heimischen stolz sind.

In der Antike war der Verstoß gegen das Gastrecht ein religiöser Frevel, und auch Moses schreibt »Verflucht sei, wer das Recht des Fremdlings beugt« (was natürlich nicht verhindert, daß auch der Ratsvorsitzende der Evangelischen Kirche in Deutschland, Bischof Klaus Engelhardt, vom »Mißbrauch des Gastrechts« spricht). Die moralische Qualität einer Gesellschaft bemaß sich ehemals also nicht zuletzt am Umgang mit dem Fremden. Gastrecht bedeutete die bedingungslose Aufnahme, nicht bloß die Duldung dieses Fremden. Für uns dagegen wird Gastrecht als eine verschärfte Form des Rechts formuliert. Wer also das Pech hat, nicht nur Grundrechte, sondern auch noch Gastrechte zu genießen, der hat die geringste Freiheit und fliegt am schnellsten raus.

Vielleicht leisteten sich frühere Epochen aber auch einfach einen emphatischen Begriff vom Fremden, denn dieser trat in eine Gesellschaft ein, die für ihn nicht Gemeinschaft war, und die er aus dem Fundus seiner mitgebrachten Erfahrung und Vernunft beurteilte, bewertete und beschrieb. Er sah diese Gesellschaft anders, nämlich mit jenem vorurteilslosen Blick, in dem sich diese Gesellschaft immer noch erkennen könnte, wenn sie könnte.

Deutschland dagegen formuliert sein Gastrecht als Abschreckung für alle weiteren Gäste. Im Grunde ist schon die Tatsache, daß es überhaupt Ausland gibt, eine Zumutung. Denn ohne Ausland gäbe es nichts, wo wir einen guten Eindruck hinterlassen, nichts, vor dem wir uns schämen und niemandem, dem wir Gastrecht einräumen müßten. Wir sind hier kein Hotel, aber dafür erwarten wir auch keine Gastgeschenke. Wer dreimal betrunken Auto fährt, darf abgeschoben, wer demonstrierend Steine wirft, darf mit der Folter im Heimatland bestraft werden – auch wenn er dieses Land nie gesehen hat, seine Sprache nicht spricht und auch nicht dort geboren wurde. Was »Gastrecht« heißt, stellt sich dann als eine totalitäre Strafidee heraus, die geeignet ist, mit Grundrechten kurzen Prozeß zu machen, wenn sie von den Falschen in Anspruch genommen werden.

Deutsche Politiker berufen sich auf den Mißbrauch des Gastrechts auch deshalb so gern, weil sie dadurch suggerieren können, das »Kurdenproblem« sei kein deutsches Problem. Ist es aber, und zwar nicht nur wegen der in Deutschland geborenen Kurden, der Internationalität aller völkerrechtlichen Verstöße oder der wirtschaftspolitischen Schmusereien zwischen deutscher und türkischer Regierung. Indem Klaus Kinkel NVA-Panzer an die Türkei lieferte, die dort gegen die Kurden eingesetzt wurden, machte er Deutschland zum Mitverursacher jener Probleme, deretwegen Kurden in ein so abweisendes Land wie Deutschland reisen, auch um hier zu demonstrieren und selbst illegale Mittel zu suchen, die Vernichtung des kurdischen Volkes zu verhindern.

Wenn aber der widerwillige Gastgeber selbst die Gründe dafür schafft, daß der Gast sein Land verlassen muß, und wenn er diesen Gast hier einem Recht unterstellt, das unter Umständen sogar der Vernichtung des Gastes Vorschub leistet, dann soll man dem Flüchtling an der Grenze doch einfach seine Gastrechte vorlesen, vielleicht tut er seinem Gastgeber ja den Gefallen und wendet sich mit Grausen ab.

Aus: Roger Willemsen »Bild dir meine Meinung«,
Berlin 1999
Critica Diabolis 83

Ten Ways To Kill A Pope

Fritz Tietz

Erstens mußt du, um einen Papst zu erlegen,
dich auf die Fahrt nach Rom begeben.
Dort jagst du ihm mit Pistolengelärm
eine Kugel ins Zwölffingergedärm.

Auch kannst du zweitens, um ihn zu schrägen,
einem Papst den heiligen Stuhl ansägen.
Am besten die Beine – aber mit Geschick:
das bricht einem Papst garantiert das Genick.

Du darfst aber drittens, ihn zu verräumen,
auch eine päpstliche Audienz nicht versäumen.
So er dann niederkniet zum Gebet,
meuchelst du ihn mit schwerem Gerät.

Viertens sollst du, einen Papst zu schlachten,
auch folgenden Hinweis nicht verachten:
Zieh ihm die Mitra tief ins Gesicht,
dann sieht er die steile Treppe nicht.

Natürlich kannst fünftens, ihn umzunieten,
du auch einen Schweizergardisten anmieten.
Vergold' ihm nur tüchtig die Hellebarde,
daß er den Papst piekst, der Mann von der Garde.

Dann mußt du, um ihn auszuradieren,
einem Papst auch sein Papamobil sabotieren.
Mach also, sechstens, dessen Bremsen mürbe,
falls du willst, daß ein Papst plötzlich stürbe.

Selbst dort, wo Päpste zu Fuß hingehen,
kannst du einem Papst den Hahn abdrehen.

Leg' ihm ein Bömbchen unter die Brille,
schon geschieht, siebtens, dein tödlicher Wille.

Achtens kannst du, ihn zu entleiben,
einem Papst auch eine Postkarte schreiben.
So lädst du ihn ein, in dein Land zu kommen,
den heiligen Vater und ebenso frommen;

und kannst also neuntens, ihn zu empfangen,
ihm gleich auf dem Flugplatz eine langen.
Und das Rollfeld begießt du mit giftigen Säften,
doch hüte dich vor den Sicherheitskräften.

Du kannst zwar, statt ihn tödlich zu verletzen,
auch, zehntens, auf sein Alter setzen.
Mußt dann aber und in Gottes Namen
warten bis du schwarz wirst. Amen.

Aus: Fritz Tietz »Die Kunst einen Papst zu erlegen.
Aufzeichnungen aus dem Giftschrank«, Berlin 2000
Critica Diabolis 91

In Schlucken-zwei-Spechte
Kindheit

Ralf Sotscheck: *Als wir uns vor vielen Jahren kennenlernten, hatte ich noch einen Bart, und deiner war schwarz. Jetzt bin ich glattrasiert und dein Bart ist grau. Hast du mal erwogen, ihn zu färben, damit man die Essensreste nicht sieht?*

Harry Rowohlt: Das habe ich schon mal gemacht, aber nicht wegen der Essensreste. Damals war ich Lehrling im Suhrkamp-Insel-Verlag und als solcher auch Praktikant bei der Firma »Clausen und Bosse« in Leck in Nordfriesland. Alle anderen Suhrkamp-Insel-Lehrlinge gingen zum Druckerei- und Setzerei-Praktikum nach Heidelberg und belegten Gastvorlesungen. Ich mußte in die dem Rowohlt Verlag assoziierte und von ihm auch gegründete Druckerei »Clausen und Bosse« in Leck. Das war aber nicht so schlimm. Ich fühlte mich wie in Dodge City. Leck war früher eine Cowtown. Da wurden Rinder aus Dänemark auf dem Weg zum Schlachthof durchgetrieben, weshalb es dort mehr Kneipen als Häuser gab. Manchmal gab es in einem Haus sogar zwei Kneipen. Ich hatte den Eindruck, irgendetwas muß ich von diesem Aufenthalt mitbringen, weshalb ich mir einen Bart stehen ließ. Den sah man nur im Gegenlicht, weil da nur weißblonder Flaum war. Also habe ich meine Nichte Muschi bestochen, daß sie mir in der Drogerie Polycolor-Färbe-Shampoo holt. Sie hat mir in die Hand versprochen, daß sie das niemandem sagt. Ich färbte mir diesen Bartflaum mit Polycolor dunkel, und seitdem ist der Bart sichtbar. Er blieb seltsamerweise dunkel. Der Bart hatte also gemerkt, was von ihm erwartet wurde.

Ich habe mir wegen Guinness den Bart abrasiert. Die Brauerei hat nämlich herausgefunden, daß jedes Jahr über 150.000 Pints Guinness in den Schnurrbärten der Trinker hängen bleiben. Bevor ich dem Guinness verfallen bin, hatte ich mir schon mal aus Neugier den Bart abgenommen, aber dann erkannte mich meine Tochter nicht mehr, und in die DDR woll-

ten sie mich nicht einreisen lassen, weil ich keine Ähnlichkeit mit meinem Paßfoto hatte.

Ich sollte mal für das *Zeit*-Magazin einen Report über die Kneipenszene am Prenzlauer Berg machen. Der Fotograf war vierzehn Tage vor mir dagewesen und hatte die wunderschönen Kneipen fotografiert, und als ich hinkam, waren diese Kneipen, bis auf eine, aus baupolizeilichen Gründen geschlossen worden. Eine ganze Serie über eine einzige Kneipe machen, das ging ja nicht. Also hat sich die Reportage zerschlagen. In der einzigen Kneipe, die es noch gab, war ein richtiger Kellner, der sogar eine Kellnermontur trug. Eine Dame beschwerte sich: »Mein Sprudelwasser sprudelt gar nicht.« Der Kellner sagte: »Was glauben sie, weshalb ick schwarz trage.« Die DDR gab es zwar noch, aber nicht mehr lange. Überall war die Perestroika ausgebrochen, und ich bin in Ostberlin mit der S-Bahn gefahren. Der ganze Waggon diskutierte leidenschaftlich, und ein älterer Herr sagte, auf mich deutend: »Dieser junge Mann zum Beispiel hat sich, weil er mit den herrschenden Verhältnissen nicht einverstanden ist, einen Bart stehen lassen. Zu seiner Zeit trug ich ein Menjoubärtchen, det hat die Frauenzimmer wild gemacht.«

Hast du jemals erwogen, dir den Bart abzurasieren, um zu sehen, was darunter ist?

Ich hab mir mal die Stirnhöhlen, beziehungsweise die Nebenhöhlen fenstern lassen. Man kann auch Stirnnebenhöhlen sagen. Ich tendiere zu Stirnnebenhöhlen. Wenn schon, denn schon. Kurz vorher war in Hamburg ein Mann unter Vollnarkose gestorben, weil man ihn wegen des Bartes nicht beatmen konnte. Der ganze wertvolle Sauerstoff verlor sich im Bart. Also mußte der Bart ab, weshalb ich mich seit Jahrzehnten zum ersten Mal rasiert habe. Bei dieser Gelegenheit stellte ich fest, daß das Kinngrübchen, das in meinem Wehrpaß noch zu sehen ist, nicht mehr da war – ein Grübchen wie das von Kirk Douglas. Ich hatte auch kein Kinn mehr. Es war verkümmert, weil es jahrzehntelang niemand gesehen hatte. Das gibt es oft bei Organen, die nicht verwendet werden. Ich sah mit meinen blöden langen Haaren aus wie Frau Ponnwitz, so daß ich mir auch noch die Haare abgeschnitten habe. Kurz danach hatte ich eine Lesung in Braunschweig, in der Buchhandlung Leporello. Die wollten mich nicht lesen lassen, weil auf dem Plakat jemand anderes abgebildet war. Am nächsten Tag hatte ich eine Lesung in Hamburg-Barmbek beim U- und S-Bahnhof. Ich tupfte mir die Nase immer mit einem Tempotaschentuch, weil wegen der Operation noch Blut rann. In der Pause sagte eine Dame zu mir: »Ich finde das ein bißchen affig, daß so ein knorriger Typ wie Sie sich immer fein das Näschen mit einem Papiertaschentuch betupft, noch dazu mit einem Papiertaschentuch mit aufgedruckten Röschen.« Da habe ich ihr gezeigt, was es mit den Röschen auf sich hatte. Sie ist dann rückwärts in eine Zinkbadewanne voller Wasser mit Eiswürfeln und Guinness-Pullen gefallen.

Jedenfalls bist du nicht mit Bart geboren worden, sondern als unbehaartes Kriegsbaby.

Ich wurde in der Hochallee 1 in Hamburg 13 geboren. Im Luftschutzkeller, als Zehn-Monats-Kind. Immer, wenn ich soweit war, begann der Fliegeralarm, und ich dachte mir, ich bin doch nicht doof. Ich hab mir jetzt ausbedungen, daß in Kurzviten nicht mehr irgendetwas Kreatives steht. Da steht nur noch Harry Rowohlt, geboren 1945 in Hamburg 13, lebt in Hamburg Eppendorf. Für Kenner ist das ein leichter Abstieg, aber noch nicht die schiefe Bahn, man braucht sich also noch keine Sorgen zu machen.

Bei dem Nachnamen sowieso nicht. Das ist doch deine Lieblingsfrage: »Haben Sie etwas mit dem Rowohlt Verlag zu tun?« Jeder, der sie stellt, muß fünf Mark an eine Wohltätigkeitsorganisation spenden, oder?

Jawohl. Es ist eine Last, wenn man Rowohlt heißt. Im Hamburger Telefonbuch stehen, außer dem Rowohlt Verlag, meiner Mutter und mir, noch zwei weitere Rowohlts, und irgendwann abends habe ich die beiden angerufen, ganz leicht angeheitert und mit entsprechend erhöhter Risikobereitschaft. Ich telefoniere eigentlich nur, wenn ich ganz leicht angeheitert bin. Wenn ich nicht betrunken bin, habe ich keine Lust, weil ich dann übersetze. Aber manchmal will man sich halt ein bißchen mitteilen. Ich habe schon erwogen, einen Alkoholmelder am Telefon anbringen zu lassen, aber dann würde ich ja gar nicht mehr telefonieren. Ich rief also die beiden übrigen Rowohlts im Hamburger Telefonbuch an, um sie zu fragen, ob es ihnen auch so auf den Wecker geht, immer gefragt zu werden, ob sie etwas mit dem Rowohlt Verlag zu tun haben? Der eine ist Weinhändler und sagte: »Nö, ich habe mich daran gewöhnt, ich weiß ja, wer ich bin.« Und der andere hieß Jörg Rowohlt, war damals Leiter der Hamburger Schwuleninitiative e.V. und klang wie jemand, der bösartig Fritz J. Raddatz nachmacht: »Was wollen Sie überhaupt von mir?«

Aber als du geboren wurdest, hattest du einen anderen Nachnamen.

Geboren wurde ich als Harry Rupp, weil meine Mutter damals in dritter und vorletzter Ehe mit dem Kunstmaler Max Rupp aus Idar-Oberstein verheiratet war. Dessen Wirken läßt sich in Idar-Oberstein immer noch verfolgen. Er hat Kunst am Bau gemacht und furchtbar herumgewütet, ganz grauenvoll. Deshalb hieß ich zunächst Harry Rupp. Als sich meine Mutter scheiden ließ, hieß ich Harry Pierenkämper-Rupp, nach dem Mädchennamen meiner Mutter. Ich war schon als Kleinkind eine männliche Doppelnamen-Tusse. Als ich schreiben lernte, gab es gewisse Probleme. »Harry« konnte ich bereits nach dem ersten Schultag schreiben. Mein Lehrer, Herr Stawitz, erklärte mir das so: Das H ist eine kurze Leiter. Das kleine a ist ein Reifen, der kaputt gegangen ist. Der Spengler repariert ihn, aber nicht besonders gut, und schon hat man ein a. Dann kommen zwei Spazierstöcke, und das y hatte ich ganz exklusiv für mich allein. Ich weiß nicht mehr, wie er das y erklärt hat, aber das konnte ich auch sofort. Nur mit dem Nachnamen haperte es, weil ich nie wußte, wie ich gerade hieß. Heute behauptet meine Mutter, sie hätte Max Rupp nur geheiratet, um ihm zwei Wochen Heimaturlaub verpassen zu können. Während der fraglichen Zeit, als ich gezeugt wurde, war er bereits in sowjetischem Gewahrsam, vulgo Kriegsgefangenschaft, weshalb er als Vater rundherum nicht in Frage kam.

Harry Rupp – das klingt wie ein Fußballreporter. »Wir schalten um ins Westfalenstadion zu Harry Rupp. Harry Rupp, bitte melden!« Wie war das nochmal mit dem Luftschutzkeller?

Ich hatte gutes Glück, daß ich nicht im Krankenhaus, sondern im Luftschutzkeller geboren worden bin. Ich war vor ein paar Jahren mal in dem lokalen Kinderkrankenhaus, das inzwischen eine halboffene Gemeindeklapsmühle ist.

Du warst in der Klapsmühle?

Nur zu Besuch. Sie hatten ein Jubiläum und eine Fotoausstellung. Ich hab mir das angesehen und dabei festgestellt, daß in diesem Krankenhaus Babys eingesammelt wurden. In der Fotoausstellung im Treppenhaus sah ich, was ich als geschichtlich interessierter Mensch hätte wissen können, daß in diesem Krankenhaus die Transporte mit den Babys zusammengestellt wurden, die wegen Euthanasie ins Gas geschickt wurden. Und meine Mutter hatte keinen Ariernachweis. Bis heute nicht. Das hat sie irgendwie verschlampt. Meine Oma mütterlicherseits war eine italienische Zigeunerin, wobei mir eine jüdische Großmutter noch lieber gewesen wäre. Da wäre ich ein bißchen plietscher, aber auf diese Weise habe ich wenigsten den Rhythmus im Blut. Kein Schwein durfte wissen, daß sie eine italienische Zigeunerin war, und deshalb hat es auch niemand erfahren. Wenn sie einen ihrer gefürchteten Ausbrüche hatte, sagte mein Opa Franz Pierenkämper immer begütigend: »Naja, dat is dat französische Blut.« Damals im Ruhrgebiet hatte man als italienische Zigeunerin, selbst wenn das geheim gehalten wurde, nicht viele Volksgruppen, auf die man herabblicken konnte, weshalb ich heute noch einen Merkvers von ihr beherrsche: »In Kruppsche Baracken, da wohnen Polacken, da laufen die Kakerlaken die Polacken in Nacken. Da nehmen die Polacken die Pickhacken und tun die Kakerlaken kaputt hacken.«

Herrje, Bochumer Büttenpoesie.

Immerhin. Was man meiner Oma gar nicht zutraute: Sie war Vegetarierin, sie kochte wie eine gesengte Sau. Um ihren Fraß nicht fressen zu müssen, habe ich irgendwann gesagt: »Ich esse alles, was auf den Tisch kommt, wenn Oma kocht«, weil ich wußte, daß sie das hören wollte. Danach hatte ich den Freibrief, den Kram meiner Oma nicht fressen zu müssen. Das Problem war nur: Ich war unterernährt und rachitisch und hatte einen stark geschrumpften Magen. Wasser und Brot waren das einzige, was ich mochte, weshalb ich immer hoffte, möglichst bald ins Gefängnis zu kommen. Das hat sich inzwischen leider alles sehr geändert.

Mochtest du deine Oma, abgesehen von ihren Kochkünsten?

Sie war oft im Knast, abwechselnd wegen »politisch« und Engelmacherei. Am meisten hat sie sich vor der Anstaltskleidung gegraust. Sie war ein sehr reinlicher Mensch. Einmal sagte sie: »In dem Kittel war Monate altes Unwohl drin!« Das letzte Mal ist meine Oma mütterlicherseits im Wartesaal Bonn Hauptbahnhof verhaftet worden. Sie wetterte mal wieder über Politik, und ein Herr sagte: »So eine alte Dame sollte sich um Politik nicht mehr bekümmern.« Da stieg meine Oma auf einen Stuhl und schrie: »Und der Adenauer, der alte Bock?« Und schon machte es klick. Die Bahnpolizei hatte sie verhaftet. Aber danach passierte nichts mehr. Im Krieg hat sie sich gut über Wasser gehalten. Sie hatte eine Ruine, eine alte Mühle im Hunsrück, gekauft, weil sie zu Recht annahm, daß die nicht bombardiert würde. Sie hat, weil sie Zigeunerin war und das offenbar konnte, den Bauern die Karten gelegt und ihnen geweissagt. Einmal sagte sie einer Bäuerin, ihr kleiner Sohn solle sich vor Wasser hüten, genauer gesagt, vor warmem Wasser, noch genauer, vor heißem Wasser. Und zwar in der allernächsten Zukunft, genauer gesagt, jetzt. Die Bäuerin rannte so schnell sie konnte nach Hause. Da war ihr kleiner Sohn schon in den siedend heißen Waschkessel gefallen und verbrüht. Daraufhin wurde meine Oma zum Pfarrer bestellt. Er sagte, sie solle gefälligst aufhören, diesen Aberglauben zu verbreiten. Sie hat ihn gefragt: »Warum behandeln Sie mich eigentlich so schlecht? Wir sind doch Kollegen.«

Hat sie denn an die Karten geglaubt?

Ja, meine Oma hat, im Gegensatz zum Pfarrer, an ihren Hokuspokus geglaubt. Sie plante immer, im Gegensatz zu mir, ihre Memoiren zu schreiben. Titel: »Die Königin vom Longkamperbach«. Sie konnte nicht ahnen, daß sie bei den Bauern im Hunsrück den Spitznamen »der Teufel zu Fuß« hatte. So wie meine Mutter später »der Teufel mit dem Auto« hieß. Meine Mutter ist jetzt 91, sie hat sich leider ein neues Auto angeschafft. Die Landbevölkerung ist in heller Aufregung. Sie kannten das Geräusch ihres alten Autos, das sie nur im ersten Gang fuhr, und konnten sich in Sicherheit bringen. An das neue Auto müssen sie sich erst noch gewöhnen. Sie hatte sogar mal einen BMW, den sie auch nur im ersten Gang gefahren ist. Sie fand auch nie die richtige Autobahnabfahrt. Sie ist eben Schauspielerin gewesen, und Schauspieler sind nun mal nicht allzu helle. Nach den Stücken, in denen sie mitgespielt hat, kann man sie aber noch fragen. »Käthchen von Heilbronn« hat sie noch einigermaßen drauf. Außerdem bezieht sie seit Jahrzehnten den Kalender »Mit Goethe durch das Jahr«. Meine Oma hatte einen furchtbar stacheligen Schnurr- und Kinnbart. Sie küßte einen ganz laut und aß Knoblauchpastillen, um ihr Leben zu verlängern. Sie sagte, die seien so gut, weil sie völlig geruchlos seien. Bei dem Wort »geruchlos« blätterte die Tapete von den Wänden, und auf dem Adventskranz brachen die Kerzen in Stichflammen aus, so sehr stank es nach Karbid. Meine Oma wurde nur 88, meine Mutter ist schon 91. Der Mann meiner Großmutter, Fränzken Pierenkämper, war Sitzredakteur beim *Bochumer Volksblatt*, das heißt, er war verantwortlich im Sinne des Pressegesetzes. Wenn im *Bochumer Volksblatt* irgendwas erschienen war, was der Obrigkeit nicht paßte, ging er dafür in den Kahn. Sobald er im Kahn war, fing er an, Lyrik zu schreiben. Außerhalb des Knastes nur Prosa, innerhalb des Knastes nur Lyrik.

Wenn also ein Romancier mal Lyrik schreiben möchte, wäre diese Methode durchaus zu empfehlen.

Ja. Fränzken Pierenkämper war 1917 einer der führenden Köpfe im Arbeiter- und Soldatenrat von Wilna, und das als Goi. Da mußte man ganz schön was zwischen den Ohren haben. Später war er einer der ersten Minister der jungen Sowjetmacht.

Von der Wiege bis zur Biege

Harry Rowohlt erzählt wieder einmal zu wenig aus seinem Leben / VON MICHAEL NAUMANN

Die langsame, ja geradezu sorgfältige Verwandlung des Gesamtkünstlers Harry Rowohlt („...wooohlt bitte, mit Betonung auf dem zweiten ‚o'") in einen Wiedergänger von Karl Marx, äußerlich betrachtet, ist in den letzten Jahren durch das bedauerliche Casting des Übersetzers großer und kleinerer Belletristik als Charakterpenner in der TV-Serie *Lindenstraße* verhunzt worden. Man hält ihn jetzt eher für einen altneuen Rabbi. Neu (ziemlich neu) sind die Jeans, alt ist der Bart, noch älter seine Lebensweisheiten. Harry Rowohlt, dessen CDs und Lesungen ihn bekannter gemacht haben als zum Beispiel Coleman Hawkins, hat nun in einem tagelangen Gespräch mit dem irischen *taz*-Korrespondenten Ralf O'-Sotscheck sein bisheriges Leben geschildert. Es stellt sich heraus, dass die Vorstellung stimmt, es setze sich zusammen aus einer Kette allerlichtester Momente und vieler baritonal ausgestoßener Bestellungen: *„Mary, one more pint, please."*

Den Rezensenten verbindet mit Harry Rowohlt die gemeinsame Achtung des irischen Revolutionärs James Connolly, der im 19. Jahrhundert die irische Labour Party gründete, die allerdings ihrerseits einen Pub in Dublin, wahrscheinlich in der Pelican Street, gründete und daran bankrott ging, weil der Vorstand die Mitgliedsbeiträge versoff, während Mr. Connolly in Utah die Bergarbeiter in den Silberminen syndikalistisch agitierte, über die später dann Pete Seeger und Joan Baez... Ach, das Problem mit Harry Rowohlt liegt darin, dass schon die Nennung seines Namens eine Abschweifung garantiert. So ist denn das ganze Buch *In Schlucken-zwei-Spechte* die schönste Abschweifung dieser Buchsaison.

Wir erfahren von Ernst Rowohlt, dem leiblichen Vater (irgendwie doch ein grandioses Scheusal). In seinen letzten Lebensjahren saß er bedrückt ob des verlegerischen Erfolges seines unehelichen Sohnes Heinrich Maria Ledig-Rowohlt zu Hause in der Hamburger Wohnung oder im Allgäu, ohne irgendjemanden zu lieben, auch Harry nicht. Wir lesen von Ledig, der in zärtlicher Manier dafür sorgte, dass Harry nicht in den Verlag nachrückte, sondern seinen avantgardistischen Verlegerfreund Barney Rossett, den „immer Verfolgungswahnsinnigen", in New York gewerkschaftlich unterwanderte, was in einem Rausschmiss des roten Deutschen endete. Später musste der Nabokov-Verleger Rossett seinen Verlag verkaufen, weil er einfach zu gut geworden war.

Von Ebi, Rowohlts Eppendorfer Nachbarn, ist die Rede – leider werden hier sittlich haltlos primäre Geschlechtsmerkmale des Freundes an die Öffentlichkeit gezerrt. Überhaupt wimmelt es nur so von Geschmacksverirrungen. Hosen werden runtergelassen, hinter Bühnen ansonsten sexuell gefestigter Literaturhäuser kommt es, zumal bei Rowohlts James-Joyce-Lesungen, offensichtlich öfter zum Geschlechtsverkehr, als die Zuwendungsempfänger kulturpolitischer Subventionen in ihren Jahresberichten zuzugeben bereit sind.

Kommen wir zur familientherapeutischen Bewertung des Autors: Harry Rowohlt war auf 16 oder 18 Schulen, weil seine Mutter als Schauspielerin unterwegs war. Seine anhaltende Reiselust (heute Oldesloe, morgen Emden) ist klar zu diagnostizieren als fortdauernde symbolische Suche nach seiner Mutter. Oder als klinisch-literarischer Wiederholungszwang zum Vorteil der deutschen Buchkultur. Seine Leistungen als Übersetzer und Vorleser sind ebenso einzuordnen: Gleich seiner engeren Familie gehorcht der Autor dem Drang, der Welt immer wieder bessere Bücher vorzulegen. Freilich hat er entdeckt, dass das Risiko geringer ist, wenn es ein fremder Verleger trägt. Darüber hinaus kann ein Übersetzer sich aussuchen, was er übersetzen will oder nicht, ein Verleger aber seltener. Harry Rowohlt ist insofern ein freier Mensch. Wie sich ein freier Mensch fühlt (besser), davon erzählt dieses Buch, über das der Rezensent so oft gelacht hat, dass er die Behauptung wagt, hier liege das lustigste Buch des Herbstes vor. Das lässt sich natürlich nicht belegen. Es werden wieder 80 000 Neuerscheinungen auf die Nation herniedergehen. *In Schlucken-zwei-Spechte* ist trotzdem das lustigste Buch. Es lebe die Republik Irland!

- **Harry Rowohlt erzählt Ralf Sotscheck sein Leben: In Schlucken-zwei-Spechte**
  Edition Tiamat, Berlin 2002;
  224 S., 17 €

Da hat er sich aber nach einer Woche wieder abgeseilt – mit der Begründung: »Sind mir zu links, die Brüder.« Er hat aber später die USPD mitgegründet. Sein Sohn Harry Pierenkämper, nach dem ich benannt wurde, hatte eine Hasenscharte und stotterte, weshalb er Pantomime wurde.

Eine weise Entscheidung.

Außerdem war er Mitbegründer des Spartakus. Man kann sich vorstellen, wie muffelig es bei denen zu Hause zuging, denn es gibt ja nichts Unversöhnlicheres als Kommunisten und linke Sozis. Sie wohnten in Bochum-Weitmar, in einer Arbeitersiedlung mit lauter Häusern bis zum Horizont. Eins sieht aus wie das andere, die unterschieden sich genau wie heute nur durch die Vorgärten. Eines Morgens maulte der Alte seinen Sohn an: »Ich gehe morgen auf eine Vortragsreise, und wenn ich in zehn Tagen zurück bin, und der Vorgarten ist nicht tip-top in Ordnung, dann hast du deine Beine die längste Zeit unter meinen Tisch gestreckt.« Da hat sich der Sohn von niederländischen Genossen gelbe und rote Tulpenzwiebeln besorgt, den Vorgarten gejätet, die Tulpenzwiebeln gesteckt, und als die hervorschossen, oder was immer die so machen, sah man wunderschön deutlich einen fein säuberlichen und gelb umrandeten roten Sowjetstern mit gelbem Hammer und gelber Sichel. Der Alte sagte zähneknirschend: »Na, immerhin sieht das ordentlich aus.« Sie sind glücklicherweise beide pünktlich vor 1933 gestorben. An denen hätten die Nazis noch viel Spaß gehabt.

Deine Mutter war Schauspielerin. Wo hat sie damit angefangen?

In Bochum. Damals gab es ja noch das Fach »Jugendliche Sentimentale«: bei dem legendären Saladin Schmitt, dem Erfinder der expressionistischen dunklen Bühne, weshalb er von jedem »Saladin mit der Schlummerlampe« genannt wurde. Seine Inszenierung von Schillers »Die Räuber« hieß allgemein »Bruderzwist auf Sohle Sieben«. Er hatte eine stehende Redewendung gegenüber weiblichen Ensemblemitgliedern, indem er sie anschwulte: »Meine liebste, beste, teuerste Freundin, gehen Sie weg. Ich kann Sie nicht mehr sehen.« Sehr viel später wurde meine Mutter als Tischdame von Goebbels eingeteilt. Das wußte sie vorher nicht. Sie kam wie immer zu spät und bekam einen Wahnsinnsschreck, als nur noch neben Goebbels ein Platz frei war und ihr nichts anderes übrigblieb, als sich dorthin zu setzen. Goebbels mußte sich damals von seiner Freundin, der tschechischen Schauspielerin Lida Baarova, trennen, weil sie Halbjüdin war. Weil meine Mutter von weitem genauso aussah wie Lida Baarova, hatte man sie als Tischdame ausgesucht. Glücklicherweise saß ihr ein alter Kollege aus Bochumer Zeiten gegenüber. »Maria«, sagte der, »mach doch nochmal den Saladin Schmitt.« Also schwulte sie: »Meine liebste, beste, teuerste Freundin, gehen Sie weg. Ich kann Sie nicht mehr sehen.« Plötzlich Totenstille, weil Goebbels glaubte, sie hätte ihn nachgemacht. Auf diese Weise hat sich das mit Goebbels und meiner Mutter zerschlagen. Leider. Die hätte ich ihm nämlich gegönnt. Es wäre doch schön gewesen, wenn er sich nach einer Halbjüdin eine Halbzigeunerin eingehandelt hätte. Da hätten seine Kumpel aber irgendwann mal gedacht: »Der Goebbels, der hat aber auch einen seltsamen Weibergeschmack.«

Aus: Harry Rowohlt erzählt Ralf Sotscheck sein Leben von der Wiege bis zur Biege »In Schlucken-zwei-Spechte«
Berlin 2002
Critica Diabolis 104

Die Nacht, als es keinen Champagner Rosé mehr gab

Michela Wrong

»Wenn es regnet, kann man sich
unbekümmert in die Hose pinkeln.«
Sprichwort in der Provinz Kasai

Es gibt nur wenige historische Ereignisse, bei denen sich die meisten Menschen noch Jahrzehnte später erinnern können, was sie gerade taten, als sie die Nachricht erreichte. Die Ermordung John F. Kennedys war so ein Tag. Ich weiß genau, wo ich mich am Abend des 6. April 1994 aufhielt – ein Datum, das sich vielen Afrikanern so tief eingeprägt hat wie die Schüsse von Dallas in das Bewußtsein der Amerikaner. Zusammen mit einer Handvoll zairischer Journalisten war ich zu einem nächtlichen Treffen mit dem damaligen Chef der Zollbehörde des Landes eingeladen worden. Aufgrund der vielfältigen Gelegenheiten zur Entgegennahme von Bestechungsgeldern, die ihm sein Posten bot, zählte er zu den reichsten Männern Zaires, angeblich reicher noch als Mobutu, der ihm so großen Freiraum gewährte, weil er diesen Mann, der einst Privatlehrer seiner Kinder gewesen war, als eine Art Adoptivsohn betrachtete. Der maßlos eitle Aufsteiger gehörte zu der einflußreichen Clique der sogenannten »Babydinosaurier«; sein gewaltiger Reichtum hatte in ihm den Ehrgeiz geweckt, nun auch eine bedeutende Rolle in der Politik zu spielen. Er strebte mit aller Macht nach dem Job des Premierministers. Niemand, der mit der politischen Szene vertraut war, glaubte, daß sein Wunsch in Erfüllung ginge, aber er schien aus einem unerfindlichen Grund anzunehmen, daß er mit Hilfe der Presse den alten Mann in Gbadolite vom Wert seiner Kandidatur überzeugen könnte.

Im Sonntagsstaat, wie es sich für ein solches gesellschaftliches Ereignis gehört, machten wir uns auf den Weg hinauf nach Binza, wo die Oberschicht von Kinshasa wohnt, und hupend fuhren die Wagen in den Innenhof eines neuen Hauses ein. Es war ein weißgetünchter, schwer bewachter Wohnkomplex, wie er in diesem Stadtteil üblich ist. Der Bau war noch nicht fertig, so daß das Dekor noch nicht seine ganze protzige Pracht entfaltet hatte. Ich huschte rasch ins Badezimmer und fand zu meiner großen Befriedigung, daß es goldene Wasserhähne hatte. Wir saßen auf dem Balkon mit Blick über Kinshasa, dahinter die Lichter von Brazzaville, und hörten höflich unserem Gastgeber zu, der mit der Subtilität eines Gebrauchtwagenhändlers seinen politischen Verstand pries. Der Präsident höre auf ihn, teilte er uns mit, er wisse so viel, könne uns jedoch leider nur wenig sagen. Von seiner Frau war nichts zu sehen. Statt ihrer spielte seine jüngste Eroberung, eine attraktive Nachrichtensprecherin vom Fernsehen, die Gastgeberin. Während wir die Geräusche von Hausangestellten hören konnten, die sich drinnen ein reichliches Mahl schmecken ließen, gab es draußen nur Flüssiges – Mobutus geliebten Champagner Rosé. Ließ man sein Glas auch nur für kurze Zeit unberührt, so nahm es der Hausherr und schüttete den Inhalt ostentativ über die Balkonbrüstung. Indem er neu einschenkte, rief er jedesmal aus: »Sie konnten das doch nicht mehr trinken, es perlte ja gar nicht mehr.« Diese Art der Unterhaltung von Gästen, die wahrscheinlich in einem Monat weniger verdienten als das wert war, was er in den Nachthimmel schüttete, machte nur den Eindruck einer plumpen Zurschaustellung von Reichtum.

Wir waren alle schon ziemlich benebelt, als das Telecel klingelte. Es gab einen kurzen Wortwechsel auf Lingala, und als unser Gastgeber den Hörer wieder auflegte, starrte er uns aus weit aufgerissenen Augen an. Das Flugzeug mit dem Präsidenten von Ruanda und Burundi sei beim Anflug auf den Flughafen von Kigali, der Hauptstadt von Ruanda, abgeschossen worden. Eigentlich wollte Mobutu denselben Flug nehmen, hatte es sich aber in letzter Minute anders überlegt. Beide Staatsoberhäupter waren tot. Alle schwiegen bestürzt. Wer konnte diesen Anschlag verübt haben? Was bedeutete das für Afrika und insbesondere für Zaire? Unbeantwortete Fragen murmelnd, löste sich die Gesellschaft auf.

Die Folgen dieses Flugzeugabsturzes waren katastrophal. Und es war ganz passend, daß ich die schlimme Nachricht auf dem Balkon jenes Mannes hörte, der alle Übel des Mobutu-Regimes verkörperte. Der Abschuß des Präsidentenjets in dem kleinen hügeligen Land löste den Fall des ersten Dominosteins in einer Reihe aus, die sich über einen halben Kontinent von den kühlen Höhen der Hauptstadt Ruandas bis zu der trägen Hitze Kinshasas erstreckte. Mobutu verbrachte die Nacht in Tränen aufgelöst; er betrauerte seinen Freund, den ruandischen Präsidenten Juvenal Habyarimana, und ängstigte sich um seine Zukunft. Er hatte Grund zu weinen. Drei Jahre später ging im Nachbeben jenes Anschlags vom 6. April auch seine Herrschaft zu Ende, so wie auch der Vorhang über die Politik des Kalten Krieges in Afrika fiel. Der Kontinent fand sich am Anfang neuer Ungewißheiten.

Habyarimana wurde vermutlich von den Extremisten unter den Hutu, seinen eigenen Landsleuten, geopfert. Sie waren über den Versuch des Staatspräsidenten erzürnt, mit der von den Tutsi beherrschten Rebellenbewegung »Ruandische Patriotische Front« (RPF) ein Abkommen über die Teilung der Macht durchzudrücken. Die Fanatiker beseitigten mit einem Schlag einen angeblichen Verräter und lieferten zugleich den Hutu einen Vorwand, gnadenlos gegen die unter ihnen lebende Minderheit der Tutsi loszuschlagen. Lang gehegte Pläne für das Massaker an den Tutsi, die einst Ruandas Aristokratie gebildet hatten, wurden von lokalen Amtsträgern in die Tat umgesetzt, wobei sie sich auf den fraglosen Gehorsam der Bevölkerung in einem der autoritärsten Staaten Afrikas verlassen konnten. Jedenfalls in den Dörfern taten die Hutu genau das, was ihnen gesagt wurde. Angeführt von den Hutu-Milizen, die als Interahamwe (»die, die zusammenhalten«) berüchtigt wurden, fielen sie über ihre Tutsi-Nachbarn her. Innerhalb von drei Monaten war Ruanda übersät mit Haufen stinkender Leichen. Zwischen 500.000 und einer Millionen Tutsi und gemäßigte Hutu starben im schnellsten Genozid, den die Welt bisher sah oder eben nicht sah. Die meisten Morde wurden mit der einfachsten aller Waffen ausgeführt: der Machete. Die Massaker hatten den entgegengesetzten Effekt dessen, was beabsichtigt war. Die Hutu-Extremisten zielten auf die vollkommene Kontrolle über einen Staat mit nur einem Volk, ihrem eigenen.

Statt dessen verstärkte die RPF, deren Kämpfer von den Hutus als »Kakerlaken« beschimpft wurden, ihren militärischen Widerstand. Schon im Juli hatte sie Kigali eingenommen, und die Hutu-Extremisten mußten in die benachbarten Länder fliehen. Da sie Gerüchte in Umlauf gesetzt hatten, daß die Tutsi für das Gemetzel, das die meisten Hutu zumindest geduldet hatten, Rache nehmen würden, machten sich mit den Mördern über zwei Millionen Bauern auf die Flucht. Beladen mit Schlafmatten aus Stroh und Kochtöpfen – den Geräten nackten Überlebens – verließ mehr als ein Viertel der ruandischen Bevölkerung das Land. Auf ihrem Zug zu den Grenzen von Tansania, Burundi, Uganda und Zaire verwüsteten sie wie ein Schwarm Heuschrecken jeden Landstrich, den sie passierten, und nichts blieb an Brennholz, Vieh und Getreide. Stunde um Stunde schlurften und hasteten Hunderttausende nackter Füße über verstopfte Landstraßen, begleitet von einem unaufhörlichen Gemurmel aus Schuld und Furcht.

Als die Flüchtlinge die Grenzen sicher überschritten hatten, ließen sie sich gleich am erstbesten Platz nieder. Mehr als die Hälfte von ihnen endete in Zaires Ost-Region Kivu und schlug ihre Lager auf den unfruchtbaren schwarzen Lavafelsen von Goma, Bukavu und Uvira auf. Kurze Zeit danach brach eine Choleraepidemie aus, und im Westen, der zuvor gegen die Greuel nichts unternommen hatte, erregten nun die Geflohenen als hilflose Opfer eines ethnischen Konflikts hektische Aufmerksamkeit. In der Region der Großen Seen begann eine der aufwendigsten humanitären Operationen, die die Welt bis dahin gesehen hatte. 200 Hilfsorganisationen stellten Zelte und Medizin, Ärzte und Krankenschwestern, Nahrung und Wasser zur Verfügung. Als die unmittelbare Krise vorüber war, enthüllte sich bald ein eher düsterer Status quo unter der sanftgrauen Nebeldecke, die die zahllosen Holzkohlefeuer über der ausgedehnten Ansiedlung bildeten. Da die internationalen Organisationen es leichter gefunden hatten, ihre Hilfe durch die anerkannten Autoritäten verteilen zu lassen, konnten die Bürgermeister und Präfekten, die den Völkermord in Ruanda geplant und ausgeführt hatten, rasch wieder die Kontrolle über ihre Gemeinwesen gewinnen, und die Interahamwe-Milizen und frühere Armeesoldaten dienten der Regierung im Wartestand als Polizeikräfte. Die Männer, denen Menschenrechtsorganisationen Beteiligung an dem Genozid vorwarfen, mußten sich nicht verstecken oder zurückhalten, vielmehr besaßen sie nach wie vor die Macht über die Menschen, die sie so blutig in die Irre geführt hatten. Sie entschieden darüber, wer wieviel zu essen bekam, und sie erhoben sogar eine Art Steuer. Um eine massenhafte Rückkehr, die sie ihrer leichtgläubigen und daher lenksamen Untertanen beraubt hätte, zu verhindern, erzählten sie den Verängstigten, daß ihnen die Augen ausgerissen würden, wenn sie in ihre Heimat zurückkehrten. Die Leichen derjenigen, die den alten und neuen Herren zu widersprechen wagten, fanden die Mitarbeiter der Hilfsorganisationen morgens, wenn sie ihre Arbeit wieder aufnahmen – eine unmißverständliche Warnung für die anderen.

Wie ein monströser Krebs wuchsen die einzelnen Lager zusammen, verdichteten sich und wucherten »in das Fleisch« von Ost-Zaire. Die Zeit im Exil, das anfänglich nur wenige Wochen dauern sollte, zog sich über Monate hin, dann über Jahre. Wieder und wieder verkündete das Büro des UN-Hochkommissars für Flüchtlinge (UNHCR), daß eine Rückkehr aller Geflohenen nach Ruanda unmittelbar bevorstehe. Transportmittel wurden bereitgestellt, Zwischenstationen eingerichtet, und angeblich war auch die Unterstützung von lokalen Gemeindevorstehern gesichert. Doch die Busse fuhren fast immer leer ab, die wenigen Leute, die es gewagt hatten einzusteigen, verfolgten die schweigenden Blicke der zurückbleibenden Menge. Die exilierten Hutu-Extremisten hatten entschieden, daß es eine Heimkehr nur im Schlepptau einer erobernden Armee geben sollte. Zu diesem Zweck beschafften die früheren ruandischen Generäle und Milizionäre neue Waffen und rekrutierten Soldaten und führten derart den vermeintlichen Flüchtlingsstatus der Lagerbewohner ad absurdum. So groß war die Selbstsicherheit der Extremisten, daß sie unter den Augen der Mitarbeiter der Hilfsorganisationen junge Kämpfer ausbildeten. Die Funktionäre waren ganz mit der Erreichung ihrer humanitären Ziele beschäftigt und schauten weg. Sie wußten genau, daß die internationale Gemeinschaft das große Problem, das die Hardliner unter den Hutu darstellten, nicht lösen konnte. Je länger die Flüchtlinge blieben, desto weniger Grund für eine Rückkehr schien es zu geben. Aus der Vogelperspektive bildeten die Durchgänge, die Verteilungsstellen, Notkliniken und verschiedenen behelfsmäßigen Präfekturen, die für das Gewirr aus blauen, roten und grünen Zeltplanen zuständig waren, ein sinnvolles Ganzes; man sah, daß die Lager mit der Zeit kleine Ortschaften geworden waren, in denen wie in jeder entwickelten städtischen Zusammenballung Tag und Nacht ein geschäftiges Treiben herrschte.

Was die Anpassungsfähigkeit an Not und Unglück betraf, konnten die ruandischen Flüchtlinge selbst ihren findigen zairischen Nachbarn noch ein, zwei Dinge über die vollendete Anwendung des Artikels 15 beibringen. Die Kuhherden, die die Milch für den ausgezeichneten Käse von Goma lieferten, verschwanden nach und nach von den umliegenden Hügeln; die Ruander, die sogar ihr eigenes Schlachthaus betrieben, hatten sie gestohlen. Es gab so viel Fleisch in den Lagern, daß es dort billiger war als auf dem Markt im Zentrum von Goma. Die wilden Tiere der Gegend sorgten für exotische Abwechslung auf dem Speiseplan – von abgehäutetem Affenfleisch bis zu großen Stücken Flußpferd. Die Flüchtlinge drangen auch in den nahegelegenen Virunga Nationalpark, eine ehemalige Touristenattraktion, ein und nahmen alles mit, was sich irgendwie als nützlich erwies. Die entblößten Gebiete, wo sie Brennholz gefällt hatten, waren so groß, daß man sie auf Satellitenbildern sehen konnte. 1995 verzeichnete eine UNHCR-Übersicht etwa 82.000 prosperierende Unternehmen in den Lagern, einschließlich 2.324 Bars, 450 Restaurants, 589 Gemischtwarenhandlungen, 62 Friseure, 51 Apotheken und 25 Schlachter. Gleich neben den Kinos befanden sich Fotostudios. In den zahlreichen Cafés konnte man in Ruhe ein Primus-Bier trinken, während man auf seinen neuen Anzug aus einer der Schneidereien wartete. Die Märkte in den Lagern waren so gut mit selbstangebautem Gemüse versorgt, daß Zairer manchmal dorthin kamen, um ihre Einkäufe zu tätigen. Es gab sogar eine eigene Verkehrsverbindung zwischen den neuen Ansiedlungen und Goma; die Busse hatte einst Japan der Regierung von Ruanda geschenkt.

Gewiß war das Lagerleben nicht üppig, aber doch erträglich. Impfungen, regelmäßiges Essen und medizinische Versorgung gewährten den geflüchteten Ruandern einen höheren Lebensstandard als den zairischen Bauern in der Umgebung. Daß das so blieb, dafür sorgten der UNHCR und die zahllosen Hilfsorganisationen, die alle in Goma stationiert waren. In der ersten wirklich kritischen Phase hatten sie die Lager mit Lebensmitteln, Plastikplanen und Utensilien überschwemmt, ohne wahrzunehmen, daß der eine oft die Arbeit des anderen noch einmal machte. Infolgedesssen kam es zu einer Überversorgung, die denen, die das Sagen hatten, erlaubte, Sachen zu horten. So hatten sie bald genug Waren, um die Lagerökonomie in Gang zu bringen und mit den Einheimischen Handel zu treiben. Mit der Stabilisierung der Krise hörte der jähe Strom von Vorräten nicht auf. Die Hilfsagenturen mieteten Lastwagen und Flugzeuge, Büroräume vor Ort, Lagerhäuser und Hotelzimmer und stellten Dolmetscher, Verwalter und Fahrer ein. Allein in den letzten neun Monaten des Jahres 1994 gaben der UNHCR und all die anderen Organisationen mindestens 336 Millionen Dollar für den zairischen Abschnitt der riesigen Hilfsaktion aus; diese Summe übertraf den gesamten Jahreshaushalt der Regierung in Kinshasa. Selbst wenn ein Teil davon außerhalb der Region für Flüge und Logistik ausgegeben wurde, blieb dennoch genug übrig, um der bis dahin so vernachlässigten Provinz im Osten des Landes einen kräftigen Schuß Hilfe zu injizieren.

Für Mobutu, der Geld stets dafür gebrauchte, um seine Herrschaft zu sichern, bedeutete der finanzielle Zufluß in den 170 Kilometer langen Streifen Landes längs des Kivu-Sees einen Wendepunkt. Gerade zu der Zeit, da die beiden traditionellen Geldquellen, der Bergbaukonzern Gécamines und die Diamantengesellschaft MIBA, nahezu ausgetrocknet waren, kamen reichlich Gelder und Güter nach Zaire, die Mobutu weder kontrollieren noch sich aneignen konnte. Die Generäle und die Staatsklasse, die einmal ganz vom Präsidenten abhingen, konnten dagegen Waffengeschäfte und Sicherheitsabsprachen mit den Hutu-Extremisten aushandeln und mit den Hilfsorganisationen Verträge über Nahrung und Transportmittel schließen. Jede Transaktion gab Gelegenheit für Bestechungen und Provisionen, Schmiergelder und die bei Lieferungen üblichen »Verluste«, und nichts davon kam mehr von Mobutus Gnaden. Für den Mann an der Spitze, dessen Überleben von stetigen finanziellen Zuwendungen an seine Klientel abhing, bedeutete die ökonomische Marginalisierung den Anfang vom Ende. Wenn die Flüchtlingslager in Kivu der zairischen Elite klarmachten, daß sie Mobutu für ihr Wohlergehen nicht länger brauchten, so erkannten auch die Nachbarstaaten bald, daß er nicht mehr jemand war, mit dem sie Geschäfte machen konnten. All die Jahre hatte Mobutu auf seinem Territorium Guerillagruppen, die benachbarte Regierungen stürzen wollten, freundschaftlich aufgenommen, ihnen Schutz gewährt oder einfach geduldet. Die Hutu-Extremisten, die entschlossen waren, die Tutsi-Führung in Kigali zu stürzen, waren da keine Ausnahme. Sie pflegten freundschaftliche Beziehungen zu Kommandeuren der zairischen Armee, die ihnen freie Hand ließen, als sie die Versuche der RPF, nach dem Völkermord eine neue Gesellschaft in Ruanda aufzubauen, mit einer Serie von Grenzüberfällen sabotierten. Mit ihrem rassistischen Haß infizierten die radikalen Hutu auch die Zairer in diesem Teil des Landes, und mit deren Unterstützung verfolgten und vertrieben sie die Tutsi, die, isoliert von den anderen Stämmen, in der Region Masisi in Nord-Kivu lebten. Diese Operation diente auch der Landgewinnung, denn die Lager waren übervoll, und die Hutu suchten vorübergehend ein größeres Gebiet, auf dem sie ihre Wiedereroberung Ruandas vorbereiten konnten.

Ende 1996 griff die »ethnische Säuberung« auch auf den Süden Kivus über. Der dortige Vizegouverneur teilte der Tutsi-Ethnie der Banyamulenge mit, daß sie nicht länger in Zaire erwünscht seien. Die ohnehin nur geduldete Minorität, die gesehen hatte, wie die Tutsi in Ruanda und Marisi verjagt und abgeschlachtet worden waren, mußten eine derartige Mitteilung für den Aufruf zu einem weiteren Massaker halten. Für die Regierenden in Kigali kam diese Entwicklung nicht überraschend. Sie hatten aufmerksam verfolgt, wie die Hutu-Extremisten ihren Machtbereich in Kivu erweiterten und sicherten, und vergeblich versucht, die Überfälle von zairischem Boden aus zu unterbinden. Immer wieder brannten jenseits der Grenze Busse aus oder wurden Schulen beschossen; jede Rede von einer Aussöhnung der beiden Ethnien war der reinste Hohn. Gemeinsam mit seinem Verbündeten Uganda hatte Ruanda wiederholt bei der zairische Regierung über die untragbare Situation Klage geführt und die UNO angerufen, die dafür sorgen sollte, daß die Lager aus dem Grenzgebiet verschwanden oder zumindest den Hardlinern Zügel angelegt wurden. Ansonsten, drohte die Regierung in Kigali, müsse sie die Sache selbst in die Hand nehmen. Aber nichts geschah.

Also begannen die Ruander, Tutsi-Soldaten und Waffen nach Ost-Zaire einzuschleusen. Im Oktober 1996 verkündeten auf ihr Betreiben hin in dem Ort Lemera in Süd-Kivu vier Guerillabewegungen die Bildung der »Allianz der Demokratischen Kräfte für die Befreiung von Kongo-Zaire« (AFDL). In den folgenden Kämpfen brauchten diese Koalition und ihre Verbündeten aus den Nachbarstaaten weniger als einen Monat, um zu erreichen, was die UNO und Zaire in zweieinhalb Jahren nicht geschafft hatten. Als die Interahamwe und Zehntausende Hutu mit ihnen ins Innere Zaires flohen, brach die Macht der Extremisten in den Lagern rasch zusammen. Pläne der UNO, eine internationale Truppe zu entsenden, um die in den Lagern Zurückgebliebenen zu »retten«, wurden stillschweigend zurückgestellt. Wieder, diesmal nur in umgekehrter Richtung, erstreckte sich an jedem Grenzübergang bis zum Horizont der Zug der unter ihren Schlafmatten und Kochgeräten gebeugten Flüchtlinge, und der Lärm von über einer Million Menschen auf Wanderschaft erfüllte die Luft. Ruandas Hutu kehrten widerwillig heim.

(Aus dem Englischen von Norbert Hofmann)

aus: Michela Wrong »Auf den Spuren von Mr. Kurtz.
Mobutus Aufstieg und Kongos Fall«
Berlin 2002
Critica Diabolis 107

Auf der Suche nach unklaren Ressourcen

Die Glücklichen Arbeitslosen

... und was machen Sie so im Leben?

Was nun folgt, widerstößt gegen die bisher geltenden Prinzipien der Glücklichen Arbeitslosen, die ungern mit der Theorie beginnen. Sie bevorzugen vielmehr Propaganda durch Tat, Untat und vor allem Nicht-Tat. Zudem gibt es auf dem Gebiet der glücklichen Arbeitslosigkeit noch keine entscheidenden Forschungsergebnisse, die präsentierbar wären. Jedoch sind ein paar Erklärungen nötig, denn die Gerüchte, die den Glücklichen Arbeitslosen schon einen heimlichen Ruhm verschafft haben, sind nicht frei von Mißverständnissen. Über ziemlich grundlegende Aspekte sogar, nämlich das Glück, und die Arbeitslosigkeit außerdem.

Erstens, da vom Glück die Rede ist, wird die Sache sofort verdächtig. Glück ist bürgerlich. Glück ist unverantwortlich. Glück ist undeutsch. Und überhaupt, wie kann man glücklich sein, angesichts der Armut, der Gewalt und der Schrippen, die nun 67 Pfennige kosten, obwohl nichts weiter als Luft drin ist. Paul Watzlawick hat eine schlagende »Anleitung zum Unglücklichsein« verfaßt, in der er eine solche Einstellung schildert: »Was, wenn wir am ursprünglichen Ereignis unbeteiligt sind? Wenn uns niemand der Mithilfe beschuldigen kann? Kein Zweifel, dann sind wir reine Opfer, und es soll nur jemand versuchen, an unserem Opfer-Status zu rütteln oder gar zu erwarten, daß wir etwas dagegen unternehmen. Was uns Gott, Welt, Schicksal, Natur, Chromosome und Hormone, Gesellschaft, Eltern, Verwandte, Polizei, Lehrer, Ärzte, Chefs oder besonders Freunde antaten, wiegt so schwer, daß die bloße Andeutung, vielleicht etwas dagegen tun zu können, schon eine Beleidigung ist. Außerdem ist sie unwissenschaftlich.«

Um diese Frage zu behandeln, wäre es nötig, in den Sumpf der Psychologie vorzudringen, wovor wir uns natürlich hüten werden.

Gegen das Glücklichsein hält man aber auch noch andere Argumente parat. Zum Beispiel wird behauptet, der Totalitarismus bestehe darin, die Menschen gegen ihren Willen glücklich machen zu wollen. Aber die unglücklichen Arbeiter und Arbeitssuchenden brauchen sich keine zusätzliche Sorge zu machen: der Glückliche Arbeitslose hat nicht die Absicht, sie gegen ihren Willen glücklich zu machen. Gewiß ist Glück ein Stichwort für alle möglichen Quacksalber, die ihre Wundermedizin anpreisen wollen. Aber der Glückliche Arbeitslose hat keine Wundermedizin anzubieten. Programmatisch sieht das so aus wie bei Lautréamont, der 1869 seine eigene Aufgabe formulierte: »Bis jetzt wurde Unglück geschildert, um Furcht und Erbarmen zu erzeugen. Nun werde ich das Glück schildern, um ihr Gegenteil zu erzeugen.«

Und jetzt zur Sache: Wir wissen alle, daß Arbeitslosigkeit nicht abgeschafft werden kann. Läuft der Betrieb schlecht, dann wird entlassen, läuft er gut, dann wird in Automatisation investiert – und auch entlassen. In früheren Zeiten wurden Arbeitskräfte gefordert, weil es Arbeit gab. Nun wird verzweifelt Arbeit gefordert, weil es Arbeitskräfte gibt, und keiner weiß, wohin mit ihnen, denn Maschinen arbeiten schneller, besser und billiger.

Die Automatisation ist immer ein Traum der Menschheit gewesen. Der Glückliche Arbeitslose Aristoteles vor 2300 Jahren: »Wenn jedes Werkzeug seine eigene Funktion selbst erfüllen könnte, wenn zum Beispiel das Weberschiffchen allein wirken könnte, dann würde der Werkmeister keine Gehilfen brauchen, und der Herr keine Sklaven.« Nun hat sich dieser Traum verwirklicht, und alle empfinden es als einen Alptraum, da sich die sozialen Bedingungen nicht so rasch wie die Technik gewandelt haben. Dieser Prozeß ist unumkehrbar, denn Roboter und Automaten werden nicht wieder von Arbeitern abgelöst. Außerdem wird die »menschliche Arbeit«, wo sie noch nötig ist, in Billiglohnländer ausgelagert oder von unterbezahlten Immigranten hier geleistet. Diese abwärts führende Spirale könnte nur mit der Wiedereinführung der Sklaverei beendet werden.

Jeder weiß es, doch darf man es nicht aussprechen. Offiziell herrscht der »Kampf gegen die Arbeitslosigkeit«, eigentlich ein Kampf gegen die Arbeitslosen. Zu diesem Zweck werden

Statistiken verfälscht, Pseudo-Arbeitsplätze beschafft und schikanöse Kontrollen durchgeführt. Da solche Maßnahmen immer unzureichend sind, wird noch dazu herummoralisiert und behauptet, der Arbeitslose habe seine Situation selbst verschuldet. Man macht aus den Arbeitslosen einfach »Arbeitssuchende«, allein um die Realität zu zwingen, sich der Propaganda anzupassen. Der Glückliche Arbeitslose sagt laut, was jeder weiß.

»Arbeitslosigkeit« ist ein schlechtes Wort, ein negativ besetzter Begriff, die Kehrseite der Medaille der Arbeit. Ein Arbeitsloser ist bloß ein Arbeiter ohne Arbeit. Dabei wird über den Menschen als Poet, als Reisender, als Suchender, als Atmender nichts gesagt. In der Öffentlichkeit darf nur von Arbeitsmangel die Rede sein, erst in privaten Sphären, abseits von Journalisten, Soziologen und anderen Schnüfflern, wagt man, aufrichtig zu sein. »Ich wurde entlassen, geil! Endlich habe ich Zeit, jeden Tag auf Parties zu gehen, brauch nicht mehr aus der Mikrowelle zu essen und kann ausgiebig vögeln.«

Soll diese Trennung zwischen privater Weisheit und öffentlicher Lüge aufgehoben werden? Man sagt uns, es sei nicht der richtige Moment, die Arbeit zu kritisieren, es sei eine Provokation, die den Spießern gerade recht käme. Noch vor zwanzig Jahren konnten die Arbeiter ihre Arbeit und auch die Arbeit an sich in Frage stellen. Heute müssen sie, nur weil sie nicht arbeitslos sind, Zufriedenheit heucheln, und die Arbeitslosen müssen, nur weil sie keine Arbeit haben, Unzufriedenheit heucheln. Somit hat sich die Kritik der Arbeit in Wohlgefallen aufgelöst. Der Glückliche Arbeitslose ist über diese infantile Erpressung erhaben.

Wo die Arbeitsethik verloren gegangen ist, bleibt die Angst vor der Arbeitslosigkeit die beste Peitsche zur Steigerung des Kriechertums. Ein gewisser Schmilinsky, Management-Berater zur Ausrottung der Blaumacher, sagt es ganz deutlich: »In einem Rennstall überlegen Sie sich auch, welches Pferd noch das Gnadenbrot bekommt und welches nicht. Unternehmen, die heute überleben wollen, müssen zuweilen auch rabiat sein. Zuviel Güte kann einem Unternehmen den Hals brechen. Ich rate meinen Kunden, mit der eisernen Hand im Samthandschuh durchzugreifen. Wir leben in einer Zeit, in der Arbeiter rund um sich herum beobachten, wie Stellen abgebaut werden. Niemand will unangenehm auffallen. Firmen neigen zunehmend dazu, diese Unsicherheit zu nutzen, um die Fehlzeiten deutlich zu senken.« (Der Spiegel, 32/1996)

Das Schaffen eines artgerechten Biotops für Glückliche Arbeitslose würde auch die Lage der Arbeiterschaft verbessern: die Angst, arbeitslos zu werden, würde abnehmen, und der Mut, sich zu widersetzen, könnte leichter zum Ausdruck kommen. Vielleicht würde sich eines Tages das Kräfteverhältnis wieder zu den Arbeitenden neigen. »Was? Sie wollen kontrollieren, ob ich richtig krank bin oder nicht? Dann geh ich lieber zu den Glücklichen Arbeitslosen«.

Arbeit ist eine Überlebensfrage. Diese Meinung können wir teilen. Bob Black schreibt dazu aus Nord-Amerika:

»Arbeit ist Massenmord oder Genozid. Arbeit wird jeden, der diese Worte liest, direkt oder indirekt umbringen. Zwischen 14.000 und 25.000 Menschen kommen in diesem Land jährlich bei der Arbeit um. Mehr als zwei Millionen werden dabei zu Behinderten. 20 von 25 Millionen werden verletzt. In diese Zahl sind noch nicht einmal die halbe Million Menschen mit Berufskrankheiten einbezogen. Es wird nur die Oberfläche angekratzt. Was die Statistik nicht aufzeigt, sind all die Menschen, deren Lebensdauer durch Arbeit verkürzt wird – das ist doch eben Mord. Denken Sie an all die Ärzte, die sich mit 50 zu Tode schuften. Denken Sie an all die Workaholics! Und auch wenn Sie nicht getötet oder verkrüppelt werden während Ihrer Arbeit, so könnten Sie es doch, während Sie zur Arbeit gehen, von der Arbeit kommen, Arbeit suchen oder versuchen, die Arbeit zu vergessen. Natürlich darf man auch nicht versäumen, all die Opfer von Umweltverschmutzung, arbeitsbedingtem Alkoholismus und Drogenabhängigkeit zu zählen. Hier werden Leute gekillt in wenigstens sechsstelliger Zahl, allein um den Überlebenden Big Macs und Cadillacs zu verkaufen!«

Der Schuhmacher oder Tischler ehrte sein Handwerk. Und Werftarbeiter konnten noch stolz darauf sein, das prächtige Schiff vom Stapel laufen zu sehen, das sie selbst gebaut hatten. Dieses Gefühl von Nützlichkeit gibt es in 95% aller Jobs nicht mehr. Der »Dienstleistungs«sektor beschäftigt nur Dienstboten und Computeranhängsel, die keinen Grund haben, stolz zu sein. Selbst ein Arzt fungiert nur noch als Handelsvertreter der pharmazeutischen Konzerne. Wer kann von sich noch behaupten, er mache sich nützlich? Entscheidend ist nicht mehr, wozu etwas nützt, sondern wieviel man damit verdienen kann. Alleiniges Ziel jeder einzelnen Arbeit ist, den Gewinn des Unternehmens zu steigern, und ebenso ist auch die alleinige Beziehung des Arbeiters zu seiner Arbeit sein Gehalt.

Gerade deshalb, weil Geld das Ziel ist und nicht gesellschaftlicher Nutzen, existiert Arbeitslosigkeit. Vollbeschäftigung bedeutet ökonomische Krise, Arbeitslosigkeit bedeutet gesunder Markt. Was passiert, wenn ein Konzern ankündigt, daß er so und so viele Arbeitsplätze vernichtet? Alle Börsenspekulanten loben seine Sanierungsstrategie, die Aktien steigen, und bald darauf wird die Bilanz die entsprechenden Gewinne aufweisen. Auf diese Weise schaffen die Arbeitslosen mehr Profit als ihre Ex-Kollegen. Logischerweise müßte man also dem Arbeitslosen dafür danken, daß er wie kein anderer das Wachstum fördert. Stattdessen kriegt er nicht einen Furz des Gewinns ab, den er selber schafft. Der Glückliche Arbeitslose ist der Meinung, daß er für seine Nicht-Arbeit entlohnt werden muß.

Hier können wir uns auf Kasimir Malewitsch, den Maler des »schwarzen Quadrats auf weißem Grund«, beziehen. 1921 schrieb er in seinem Buch »Faulheit – eigentliche Wahrheit der Menschen«, das erst vor zwei Jahren auf Russisch veröffentlicht wurde: »Das Geld ist nichts als ein kleines Stück Faulheit. Je mehr man davon hat, desto ausgiebiger wird man die Glückseligkeit der Faulheit kennenlernen. – Im Kapitalismus ist die Arbeit auf eine Weise organisiert, die den Zugang zur Faulheit nicht allen Menschen gleichermaßen ermöglicht: Genießen kann die Faulheit nur, wer durch Kapital abgesichert ist. So hat sich die Klasse der Kapitalisten von dieser Arbeit befreit, von der sich die gesamte Menschheit befreien muß.«

Wenn der Arbeitslose unglücklich ist, so liegt das nicht daran, daß er keine Arbeit hat, sondern daß er kein Geld hat. Also sollten wir nicht mehr von »arbeitslos«, sondern von »geldlos«, nicht mehr von »Arbeitssuchenden«, sondern von »Geldsuchenden« reden, um die Dinge klarer zu stellen. Wie wir sehen werden, bietet der Glückliche Arbeitslose an, diesen Mangel durch die Suche nach unklaren Ressourcen auszugleichen.

Man rechne einmal nach, wieviel Geld insgesamt von den Steuerzahlern und Betrieben »für Arbeitslosigkeit« offiziell ausgegeben wird, und dividiere durch die Zahl der Arbeitslosen: Na, da sind eindeutig mehr Nullen dran, als wir auf unseren Konten finden, nicht wahr? Ausgegeben wird nicht hauptsächlich für den Wohlstand der Arbeitslosen, sondern für seine schikanöse Kontrolle, durch zwecklose Termine, sogenannte »Um-, Aus-, Fortbildungsprogramme«, die nirgendwoher kommen und nirgendwohin führen, Scheinbeschäftigungen für einen Scheinlohn – um die Statistiken künstlich herunterzudrücken. Also nur, um ein wirtschaftliches Trugbild aufrecht zu erhalten.

Unser erster konkreter Vorschlag ist sofort umsetzbar: Die Beendigung aller Kontrollmaßnahmen gegen Arbeitslose, Schließung sämtlicher Statistik- und Propagandabüros (das wäre unser Beitrag zum Sparpaket) und automatische, unbefristete Zahlung der Unterstützung inklusive der gesparten Summen.

Die jüngsten konservativen Auswüchse lauten, die Arbeitslosen seien von Vater Staat abhängig, sie lägen ihm auf der Tasche, seien dadurch unfähig, auf eigenen Füßen zu stehen, und so weiter und so fort. Nun, soweit wir wissen, existiert der Staat immer noch und kassiert auch Steuern. Deshalb sehen wir keinen Grund, weshalb wir auf seine Unterstützung verzichten sollten. Aber staatsfixiert sind wir nicht. Unseretwegen mag das Einkommen der Glücklichen Arbeitslosigkeit sehr wohl vom privaten Sektor finanziert werden, sei es durch Sponsoring, Adoption, extra Kapitalertragssteuer oder Erpressung. Wir sind nicht wählerisch.

Wenn der Arbeitslose unglücklich ist, dann liegt das auch daran, daß der einzige gesellschaftliche Wert, den er kennt, die Arbeit ist. Er hat nichts mehr zu tun, er langweilt sich, er hat keine Kontakte mehr, da ja die Arbeit oft auch einzige Kontaktmöglichkeit ist, das gleiche gilt übrigens auch für Rentner. Der Grund dieser existentiellen Misere ist natürlich die Arbeit und nicht die Arbeitslosigkeit. Der Glückliche Arbeitslose weiht neue gesellschaftliche Werte ein, auch wenn er nichts anderes schafft. Er entwickelt die Kontakte mit einem Haufen sympathischer Menschen. Er ist sogar bereit, Resozialisierungskurse für gekündigte Arbeitnehmer zu geben.

Immerhin verfügen alle Arbeitslose über eine preiswerte Sache: Zeit. Das könnte ein historisches Glück sein, die Möglichkeit, ein vernünftiges, sinn- und freudvolles Leben zu führen. Man kann unser Ziel als eine Zurückeroberung der Zeit kennzeichnen. Dabei ist der Glückliche Arbeitslose ein aktiver Mensch. Gerade deshalb hat er keine Zeit zu arbeiten. Jaques Mesrine, einst »Staatsfeind Nr.1« Frankreichs und Verfasser des Buches »Der Todestrieb«, hatte sich entschieden: »Wenn ich 6 Uhr morgens Lust hatte zu vögeln, wollte ich mir Zeit dafür nehmen, ohne auf die Uhr zu gucken. Ich wollte ohne Uhr leben, denn mit der Zeitmessung kam der erste Zwang in das Leben der Menschen. Die gängigen Sätze des täglichen Lebens klingelten mir im Kopf: ›Keine Zeit, um‹, ›Zur rechten Zeit kommen‹, ›Zeit gewinnen‹, ›Seine Zeit verlieren‹. Ich aber wollte ›die Zeit haben zu leben‹ und die einzige Möglichkeit, das zu schaffen, ist, nicht Sklave der Zeit zu sein. Ich wußte, wie irrationell meine Theorie war und daß man mit ihr keine Gesellschaft bilden konnte. Aber was war das schon für eine Gesellschaft mit ihren schönen Prinzipien und Gesetzen!«

Es wurde uns erwidert, der Glückliche Arbeitslose sei nur arbeitslos im Sinne des heutzutage üblichen Gebrauchs des Wortes »Arbeit«, also »Lohnarbeit«. Dazu müssen wir ausdrücklich sagen, daß der Glückliche Arbeitslose zwar keine Lohnarbeit sucht, doch sucht er auch keine Sklavenarbeit. Und es gibt, soweit wir wissen, nur zwei Arten von Arbeit: Sklaven und Lohnarbeit. Gewiß gibt's auch Studenten, Künstler und andere Wichtigtuer, die kein Papier schreiben und keinen Napf lecken können, ohne zu behaupten, sie leisteten eine wichtige »Arbeit«. Sogar die sog. »Autonomen« können kein antikapitalistisches »Seminar« organisieren, ohne »produktive Debatten« in »Arbeitsgruppen« zu führen. Armselige Worte für armselige Gedanken.

Nicht nur im heutigen Sinne ist »Arbeit« ein trauriges Wort. Sie ist es immer gewesen: Arbeit ist wahrscheinlich eine Bildung zu einem im germanischen Sprachbereich untergegangenen Verb mit der Bedeutung »verwaist sein, ein zu schwerer körperlicher Arbeit verdingtes Kind sein«, das vom indogermanischen *orbhos, »Waise«, abgeleitet ist. Bis in das Neuhochdeutsche hinein bedeutet Arbeit: »Mühsal, Plage, unwürdige Tätigkeit«. In dem Sinne ist also »Glückliche Arbeitslosigkeit« sogar ein Pleonasmus. In den romanischen Sprachen ist die Sache noch eindeutiger, da »travail«, »trabajo« usw. von dem lateinischen »tripalium«, einem dreispitzigen Folterinstrument, das gegen die Sklaven angewendet wurde, abgeleitet ist. Den sittlichen Wert der Arbeit als Beruf des Menschen in der Welt hat Luther geprägt. Zitat: »Der Mensch ist zur Arbeit geboren wie der Vogel zum Fliegen.« Man könnte sagen, die Frage der Wortwahl sei ohne Bedeutung. Aber die Folgen blieben nicht aus, verwechselte man das Wort »Getränk« mit »Coca Cola«, das Wort »Kultur« mit »Lutz Rathenow« oder gar »Tätigkeit« mit »Arbeit«.

Sobald man von Arbeit oder Arbeitslosigkeit redet, hat man es mit moralischen Kategorien zu tun. Diese Tendenz spitzt sich gegenwärtig zu, man braucht nur eine Zeitung zu lesen, um sich darüber klar zu werden. »Ein Machtwechsel zwischen zwei Weltanschauungen hat stattgefunden«, so ein Sozialexperte in Washington. »Statt Armut als Konsequenz ökonomischer Ursachen zu sehen, dominiert nun jene Denkschule, die Armut als Folge moralischen Fehlverhaltens sieht.«

Wie damals auch, als die Priester ihr Seelenmonopol bedroht sahen, ist die Moral nur dazu da, die sich ausweitenden Risse zwischen Weltanschauung und Realität zu flicken. Wer zu einem Arbeitslosen sagt: »Du hast gesündigt«, erwartet, daß dieser die Kategorie »Sünde« anerkennt und entweder »ja« oder »nein« sagt. Weinerliche Versuche, das Mitleid dieser Welt zu erregen, erregen höchstens Mitleid. Nur ein erhabenes Lachen kann Moral ernsthaft außer Kraft setzen.

Es ist offensichtlich, daß Paul Lafargue, der Autor von »Das Recht auf Faulheit«, ein historisches Vorbild des Glücklichen Arbeitslosen ist. »Die Nationalökonomen werden nicht müde, den Arbeitern zuzurufen: Arbeitet, damit der Nationalreichtum wachse! Und doch war es einer der ihrigen, Destutt de Tracy, der da sagte: ›Die armen Nationen sind es, wo das Volk sich wohlbefindet, bei den reichen Nationen ist es gewöhnlich arm.‹ Aber von ihrem eigenen Gekrächz betäubt und idiotisiert, erwidern die Ökonomen: ›Arbeitet, arbeitet, Proletarier, vermehrt den Nationalreichtum und damit euer persönliches Elend. Arbeitet, um, immer ärmer geworden, noch mehr Ursache zu haben, zu arbeiten und elend zu sein.‹«

Jedoch fordern wir nicht ein Recht auf Faulheit. Faulheit ist nur die Kehrseite vom Fleiß. Wo Arbeit nicht anerkannt wird, verliert auch Faulheit ihren Sinn. Kein Laster ohne Tugend.

Seit Lafargues Zeiten ist klar geworden, daß die dem Arbeiter zugestandene »Freizeit« meistens noch langweiliger ist als die Arbeit selbst. Deshalb kann es nicht nur darum gehen, die Arbeitszeit zu verkürzen und die Freizeit zu verlängern.

In Spanien sollte vor kurzem die Siesta unter dem Vorwand verboten werden, sie würde den europäischen Markt gefährden. Wir solidarisieren uns 100%ig mit jenen spanischen Arbeitern, die daraufhin meinten, die EG sollte lieber die »Euro-Siesta einführen«.

Der Glückliche Arbeitslose, das sollte klar sein, unterstützt nicht die Partisanen der Kurzzeit, die denken, alles wäre zum Besten, wenn jeder seine Arbeit behielte, aber nur 5, 3 oder 2 Stunden täglich arbeiten würde. Was ist das für eine Wurstelei? Gucke ich auf die Uhr, wenn ich für meine Freunde ein Essen zubereite? Gucke ich, wieviel Zeit ich damit verbringe, diesen Scheißtext zu schreiben? Zählt man mit, wenn man liebt?

Das heißt aber nicht, daß die glückliche Arbeitslosigkeit eine neue Utopie ist. Utopie bedeutet »nicht existierender Ort«. Der Utopist entwirft die genauen Pläne einer angeblich idealen Konstruktion und erwartet, daß die Welt sich in diese Form gießt. Dagegen ist der Glückliche Arbeitslose eher ein Topist: er bastelt mit Orten und Sachen, die schon vorhanden sind. Er konstruiert kein System, sondern sucht nach allen Möglichkeiten, sein Umfeld zu verbessern.

[...]

In armen Ländern gibt es Millionen von Menschen, die außerhalb des Kreislaufs der Marktwirtschaft leben müssen. Täglich berichten die Zeitungen über die Plage der sogenannten Dritten Welt, eine deprimierende Kette von Hungersnot, Diktatur, Krieg und Krankheiten. Dabei darf man nicht übersehen, daß gleichzeitig mit diesem (meist importierten) Elend auch eine andere Wirklichkeit stattfindet: ein von vorkapitalistischen Traditionen unterstütztes, intensives soziales Leben. Im Vergleich dazu sieht die westliche Gesellschaft so gut wie tot aus. Dort wird die Arbeit des weißen Mannes verachtet, weil sie kein Ende kennt – im Gegensatz zum Beispiel zu jenen somalischen Handwerkern, deren Gewinne in einem jährlichen Fest verjuxt werden. Je niedriger das Bruttosozialprodukt, desto größer die Fähigkeit der Menschen zu feiern.

Der Ethnologe Serge Latouche in »Der Planet der Schiffbrüchigen«: »Die Armen sind viel reicher als man denkt und als sie selber glauben. Die unglaubliche Lebensfreude, die viele Beobachter in afrikanischen Vorstädten beeindruckt, täuscht weniger als die deprimierenden objektiven Berechnungen statistischer Apparate, die lediglich den verwestlichten Teil von Reichtum und Armut einschließen.«

Für Europäer besteht natürlich die Gefahr, Exotik zu betreiben. Aber die soziale Überlegenheit des armen Südens wird auch von Südländern selbst bestätigt. Der Ägypter Albert Cossery zum Beispiel in »Bettler und Stolze«: »In diesem Moment spiegelte sein Gesicht sämtliche irdische Kümmernisse wider. Doch dieser Zustand drängte sich ihm von Zeit zu Zeit nur auf, damit er den Glauben an seine Würde nicht verliere. Denn El Kordi dachte, Würde sei lediglich eine Folgeerscheinung von Unglück und Verzweiflung. Es war die Lektüre westlicher Bücher, die ihm den Geist derart verfälscht hatte.« Die Glücklichen Arbeitslosen haben von Afrika und anderen nichtwestlichen Kulturen viel zu lernen und zu verlernen. Natürlich geht es nicht darum, uralte soziale Gebräuche nachzuahmen, aber wir können uns inspirieren lassen. Auch Picasso und die Dadaisten fanden in der afrikanischen Kunst eine erfrischende Quelle von Kreativität.

Es sei hier nur ein Beispiel erwähnt: Vor ein paar Jahren untersuchten Soziologen das Leben der Bevölkerung eines Elendsviertels von Dakar, im Senegal. Sie stellten fest, daß das Einkommen einer durchschnittlichen zwölfköpfigen Familie das Siebenfache ihres »offiziellen« Einkommens beträgt. Nicht, daß die Leute das Wundermittel, Banknoten zu versiebenfachen, erfunden hätten, nur vermehren sie die Wirksamkeit des knappen Geldes durch einen intensiven Umlauf. Es ist unmöglich, in Afrika zu leben, ohne einer Gruppe, einer Sippe, einem Freundeskreis anzugehören. Innerhalb dieser Netze wird das Geld durch ein genau festgesetztes System von Geschenken, Spenden, Anlagen, Darlehen und Rückzahlungen in eine permanente Zirkulation gesetzt. Da die Möglichkeiten, eine größere Summe zu erhalten, in der Familie angehäuft sind, kann sie jederzeit über eine Geldmenge verfügen, die ohne Vergleich mit ihren kargen Ressourcen ist. Zudem ist dieser Geldverkehr nur ein Teil jener »Ökonomie der Gegenseitigkeit«, neben dem Austausch von allerlei Dienstleistungen, die Feten nicht zu vergessen, die die Gruppen zusammenhalten. Geld spielt bei alldem keine Rolle. Deshalb ist es unmöglich, irgendeinen »Lebensstandard« nach westlichem Muster zu messen.

Man stelle sich vor, dasselbe System wäre hier wirksam. Sozialhilfeempfänger würden dann 3500 DM pro Monat zu Verfügung haben, was nicht alle Probleme lösen, aber immerhin den Kohl fetter machen würde. Und noch dazu würden sie von Sachen profitieren, die Geld nicht kaufen kann. Die Frage: Wieviel Geld brauche ich, um richtig leben zu können, ist unzureichend. Wer über keine sozialen Verbindungen verfügt, wird nie genug Geld haben, um seine existentielle Not zu mildern. Der hiesige Sozialhilfeempfänger kennt zwar eine große Behinderung, da er sich auf keine Sippe und keinen Brauch stützen kann, alles muß erfunden werden. Aber immerhin hat er einen Vorteil: seine Lebensbedigungen sind nicht so harsch wie in Afrika.

Für die Glücklichen Arbeitslosen öffnet sich da ein weites experimentelles Feld, das wir die »Suche nach unklaren Ressourcen« nennen.

Wie Sie jetzt vielleicht verstanden haben, ist unsere Muße sehr anspruchsvoll, theoretisch und praktisch, ernst und spielerisch, lokal und international (allein in Europa gibt es schon 20 Millionen virtuelle Glückliche Arbeitslose). Eines Tages werden Sie mit Stolz sagen können: Ich habe den Anfang miterlebt.

Aus: Guillaume Paoli (Hg.), »Mehr Zuckerbrot, weniger Peitsche. Aufrufe, Manifeste und Faulheitspapiere der Glücklichen Arbeitslosen«, Berlin 2002 (Erstveröffentlichung: August 1996)
Critica Diabolis 110

Familiäre Katastrophen

Fanny Müller

Tante Bleimi

Sie haben noch eine Familie? Da können Sie aber froh sein! Wer keine Familie hat, ist arm dran. Wenn Sie von allen Freunden und Freundinnen verlassen wurden, weil Sie ihnen jahrelang die Ohren voll gejammert haben über Ihre Familie – wer bleibt Ihnen dann noch? Die Familie. Oder wenn Sie im Zuchthaus sitzen, weil Sie z.B. mit einem Schraubenzieher Angeberautos markiert haben, wer besucht Sie dann im Knast und Sie können gar nichts dagegen machen? – Ihre Mutter.

Angeberautos nannte übrigens meine Mutter gewisse Automarken; ich hielt das aber für einen Markennamen und wünschte mir nichts sehnlicher, als eines Tages auch solch ein Angeberauto zu haben wie Onkel Werner, der einen Daimler besaß. Daimler und Fernseher, so damals die Meinung meiner Mutter, besäßen nur Metzger. Das leuchtete mir unmittelbar ein; ich kannte niemanden, der beides hatte, außer Onkel Werner, und schließlich *war* er Metzger. Seine Frau, Tante Hazel, von uns Kindern Tante Bleimi genannt, war eine untypische Metzgersgattin und damit komme ich direkt zum Thema des heutigen Vortrags. Ohne Familie keine Tanten! Ohne Tanten kein Glamour! Ohne Glamour kein Spaß! Bleimi war die Tochter eines englischen Missionars, der in China das machte, was Missionare so machen, und deshalb Anfang der vierziger Jahre dort raus geworfen wurde. Werner lernte Bleimi irgendwie kennen und vermutlich lieben. Er brachte sie in unser Dorf zurück, wo man nicht daran gewöhnt war, dass Gattinnen Lippenstift trugen, wenn sie im Kolonialwarenladen shoppen gingen und praktisch ununterbrochen eine Zigarette im Mundwinkel hängen hatten, sogar beim Stricken und Kochen und auf dem Feuerwehrball. Dort erregte sie auch einiges Aufsehen mit ihrer Frage nach einem Tango. Ein Ansinnen, das sofort als anrüchig eingestuft wurde und mit dem die Drei-Mann-Blaskapelle sowieso hoffnungslos überfordert gewesen wäre. Den Tango lernten wir dann in ihrer Küche nach argentinischen Schallplatten. Später, als wir Englischunterricht in der Schule hatten, brachte sie uns Wörter und Sätze bei, die sie von Londoner Taxichauffeuren übernommen hatte, etwa »Carr blimey, guv'«, was erst ins Englische und dann ins Deutsche übersetzt »Gott blende mich, Gouverneur« heißt, aber nicht ganz so gut klingt wie das Original, finde ich. Unsere Lehrer fielen in Ohnmacht – na, jedenfalls beinahe, aber wir versicherten glaubhaft, dass wir es in einem englischen Buch aus der Schülerbücherei gelesen hätten.

Zwei der drei älteren Schwestern von Werner, Mimi und Tante Toni, hatten bereits 1937 und 1944 geheiratet, während die dritte, Tante Gretchen, immer noch nichts »in Aussicht« hatte, was Bleimi 1949 dazu veranlasste, Gretchen damit zu trösten, dass sie noch zwei Jahre Zeit habe: »Carr blimey, deine Schwestern sind ja gegangen weg als die heißen Brötchen (sie meinte warme Semmeln) – alle sieben Jahre eine!« Die Schwestern fanden das taktlos und waren überzeugt, dass man sich später, nach dem jeweiligen Hinscheiden, auf keinen Fall wieder sehen würde. Das entsprach durchaus Bleimis Vorstellungen vom Paradies. Wo sie jetzt übrigens schon seit einigen Jahren weilt. Ich hoffe, es gibt einen Zigarettenautomaten. Und jede Menge Tangoplatten. Oder CDs, falls sie da schon so weit sind.

Blimey!

Vertun

Wenn im Büro viel zu tun ist, wie gerade jetzt zu Beginn des Semesters, gerate ich schnell mal ins Schwimmen. Hans-Hermann, der mir am Schreibtisch gegenüber sitzt, behauptet, ich hätte am Telefon was von »Gebührentatbeständen« gefaselt. Na und? Wer sagt denn, dass es so was nicht gibt?

Zu Hause habe ich dummerweise beschlossen, den Frühjahrsputz nachzuholen, und bin gerade beim Fensterputzen, als es klingelt. Susi. Susi wohnt zwei Stockwerke über mir und hat ein Alkoholproblem, wie es heute heißt, und kommt ab und zu vorbei, um zu telefonieren (»Ich möcht ma ‘ne Bestellung aufgehm: acht Budweiser und...«) oder um sich einen Heiermann oder einen Schein zu borgen »bis Donnerstag«. Donnerstags gibt es Sozi. Das Geld kriege ich meistens zurück, aber nie donnerstags und nie in der gleichen Woche. »Du bist doch meine beste Freundin, hehe«, sagt Susi und lehnt schon einigermaßen breit im Türrahmen, »kannst du mir mal n’ Pfund leihen?« Ein Pfund sind zehn Euro. Ich seufze, suche einen Schein heraus, gebe ihn ihr und sage: »Dann bis Donnerstag – oder?« »Klar«, sagt sie, »ey – warte ma – das war aber jetzt *mein* Part!« »Oh – tut mir leid, Tschulligung.« Wenn man im Vollstress ist, kann man sich leicht mal im standardisierten small-talk vertun.

Meine Tante vertut sich auch öfter, weil sie auch immer im Stress ist, allerdings weiß niemand, wieso. Wenn ich sie besuche, bin ich gleich wieder zwölf. Als wir gemeinsam zum soundsovielten Jubiläum des örtlichen Gesangvereins gingen und ich mir vor dem Festsaal eine Tüte Pommes kaufen wollte, fing sie an, in ihrem Portmonee herum zu kramen und drückte mir zwei Euro in die Hand. Ich musste das Geld nehmen. Bei meinem letzten Besuch hatte ich einmal versucht, in einem Restaurant unsere Zeche zu bezahlen, da hat sie beinahe den ganzen Laden zusammen geschlagen. Das wollte ich jetzt eigentlich gar nicht erzählen. Was ich erzählen wollte, war, wie die Tante Witze erzählt. Sie vergisst immer die Hälfte. Zum Beispiel geht ein Witz original so: »Kommt ‘ne Frau zum Arzt und sagt: ›Herr Doktor, ich hab ‘nen Knoten in der Brust.‹ Sagt der Arzt: ›Wer macht denn so was!‹« Das ist ja ein bisschen frauenfeindlich oder was – die Tantenversion geht aber anders: »Kommt ‘ne Frau zum Arzt. Sagt der Arzt: ›Wer macht denn so was!‹« – Das ist jetzt eher ärztefeindlich, macht aber nichts, denn gut erzählt ist halb gewonnen, wie ich immer sage.

Aus: Fanny Müller »Für Katastrophen ist man nie zu alt«,
Berlin 2003
Critica Diabolis 112

CRITICA DIABOLIS

1. *Autonome Gruppen Spaniens,* Aufrufe aus dem Gefängnis von Segovia, mit einem Vorwort von Guy Debord, 1981
2. *Annie Le Brun,* Lâchez tout, Laßt alles fahren, 1982
3. *Giorgio Cesarano,* Erotischer Aufstand, 1983
4. *Wolfgang Pohrt,* Kreisverkehr, Wendepunkt, 1984
5. *Wolfgang Pohrt,* Balzac – Der Geheimagent der Unzufriedenheit, 1984, 1990
6. *Eike Geisel,* Lastenausgleich, Umschuldung, 1984
7. *SMOT,* Das unterirdische Feuer, 1985
8. *Wolfgang Pohrt,* Stammesbewußtsein, Kulturnation, 1984
9. *Guy Debord,* In girum imus nocte et consumimur igni – Filmscript, 1985
10. *Louis Aragon,* Abhandlung über den Stil. Surrealistisches Traktat, 1996
11. *Wolfgang Pohrt,* Zeitgeist, Geisterzeit. Kommentare & Essays, 1986
12. *Klaus Bittermann* (Hg.), Die alte Straßenverkehrsordnung. Dokumente der RAF. Mit Beiträgen von W. Pohrt, K. Hartung, G. Goettle, J. Bruhn, K.-H. Roth, 1997
13. *Günther Anders antwortet,* Interviews & Erklärungen, hrg. von Elke Schubert, 1987
14. *Christian Schultz-Gerstein,* Rasende Mitläufer, 1987
15. *Curzio Malaparte,* Technik des Staatsstreichs, 1988
16. *Harry Mulisch,* Strafsache 40/61. Eine Reportage über den Eichmann-Prozeß, 1987
17. *Klaus Bittermann* (Hg.), Eingriffe, Jahrbuch für gesellschaftskritische Umtriebe, 1988
18. *Klaus Bittermann,* Das Sterben der Phantome. Verbrechen und Öffentlichkeit, 1988
19. *Lothar Baier,* Zeichen & Wunder. Kritiken und Essays, 1988
20. *Wolfgang Pohrt,* Ein Hauch von Nerz. Kommentare zur chronischen Krise, 1989
21. *Hannah Arendt,* Nach Auschwitz. Essays & Kommentare Bd. 1, 1989
22. *Marcel Mariën,* Weltrevolution in 365 Tagen, 1989
23. *Hannah Arendt,* Die Krise des Zionismus. Essays & Kommentare Bd. 2, 1989
24. *Alain Finkielkraut,* Die vergebliche Erinnerung. Vom Verbrechen gegen die Menschheit, 1989
25. *André Breton,* Die verlorenen Schritte. Essays Glossen, Manifeste, 1989
26. *Matthias Matussek,* Palais Abgrund. Porträts und Reportagen, 1990
27. *Klaus Bittermann (Hg.),* Gemeinsam sind wir unausstehlich. Die Wiedervereinigung und ihre Folgen, 1990
28. *Roger Willemsen,* Kopf oder Adler. Ermittlungen gegen Deutschland, 1990
29. *Robert Kurz,* Honeckers Rache. Zur politischen Ökonomie des wiedervereinigten Deutschland, 1991
30. *Klaus Bittermann (Hg.),* Liebesgrüße aus Bagdad. Die »edlen Seelen« der Friedensbewegung und der Krieg am Golf, 1991
31. *Gabriele Goettle,* Freibank. Kultur minderer Güte amtlich geprüft, 1991
32. *Bernd Siegler,* Auferstanden aus Ruinen... Rechtsextremismus in der DDR, 1991
33. *Wolfgang Pohrt,* Das Jahr danach. Ein Bericht über die Vorkriegszeit, 1992
34. *Robert Kurz,* Potemkins Rückkehr. Attrappenkapitalismus und Verteilungskrieg in Deutschland, 1993
35. *Gerhard Henschel,* Menschlich viel Fieses. Stasis, Donalds, Dichter & Pastoren, 1992
36. *Eike Geisel,* Die Banalität der Guten. Deutsche Seelenwanderungen, 1992
37. *Klaus Bittermann (Hg.),* Der rasende Mob, 1993
38. *Gundolf S. Freyermuth,* Endspieler. Vom Auf stieg und Fall des schönen Lebens, 1993
39. *Jane Kramer,* Eine Amerikanerin in Berlin. Ethnologische Spaziergänge, 1993
40. *Gerhard Henschel,* Das Blöken der Lämmer. Die Linke und der Kitsch, 1994
41. *Peter Schneider,* Wahnsinn und Methode. Die Alzheimerisierung der öffentlichen Meinung, 1993
42. *Robert Kurz,* Der Letzte macht das Licht aus. Zur Krise von Demokratie und Marktwirtschaft, 1993
43. *Wolfgang Pohrt,* Harte Zeiten. Neues vom Dauerzustand, 1993
44. *Klaus Bittermann & Gerd Henschel (Hg.),* Das Wörterbuch des Gutmenschen. Zur Kritik der moralisch korrekten Schaumsprache, Bd. I, 1994

45. *Klaus Bittermann (Hg.),* Serbien muß sterbien. Wahrheit und Lüge im jugoslawischen Bürgerkrieg, 1994
46. *Klaus Bittermann (Hg.),* Identität und Wahn. Über einen nationalen Minderwertigkeitskomplex, 1994
47. *Georg Seeßlen,* Tanz den Adolf Hitler. Faschismus in der populären Kultur, 1994
48. *Gerhard Henschel,* Falsche Freunde fürs Leben, 1995
49. *Peter Schneider,* Wahrheit und Verdrängung. Eine Einführung in die Psychoanalyse und die Eigenart ihrer Erkenntnis, 1995
50. *Harry Mulisch,* Die Zukunft von gestern. Betrachtungen über einen ungeschriebenen Roman, 1995
51. *F.W. Bernstein,* Die Stunde der Männertränen. Texte auf Papier, 1995
52. *Rebecca West,* Gewächshaus mit Alpenveilchen. Im Herzen des Weltfeindes, 1995
53. *Klaus Bittermann & Wiglaf Droste (Hg.),* Das Wörterbuch des Gutmenschen. Zur Kritik von Plapperjargon und Gesinnungssprache, Bd. II, 1995
54. *Wiglaf Droste,* Brot und Gürtelrosen, 1995
55. *Wolfgang Pohrt,* Theorie des Gebrauchswerts, 1995
56. *Mathias Wedel,* Erich währt am längsten. Die Zone darf nicht sterben, 1996
57. *Georg Seeßlen,* Natural Born Nazis. Faschismus in der populären Kultur, Bd. 2, 1996
58. *Nils Folckers/Wilhelm Solms (Hg.),* Risiken und Nebenwirkungen. Komik in Deutschland, 1996
59. *Klaus Bittermann/Jürgen Roth (Hg.),* Wieder keine Anspielstation, 1996
60. *Guy Debord,* Panegyrikus, 1997
61. *Albert Hefele,* Grauenhafte Sportarten, mit denen uns das Fernsehen quält, 1996
62. *Susanne Fischer & Fanny Müller,* Stadt Land Mord, 1996
63. *Jane Kramer,* Unter Deutschen. Briefe aus einem kleinen Land in Europa, 1996
64. *Klaus Bittermann & Jürgen Roth (Hg.),* Das große Rhabarbern. Neununddreißig Fallstudien über die Talkshow, 1996
65. *Guy Debord,* Die Gesellschaft des Spektakels. Und andere Texte, 1996
66. *Fritz Eckenga,* Kucken, ob's tropft. Trockene Geschichten und dichte Gedichte, 1997
67. *Klaus Bittermann & Jürgen Roth (Hg.)*, Sorge dich nicht, lese! Siebenunddreißig Glossen gegen den Bestseller, 1997
68. *Wolfgang Pohrt*, Brothers in Crime. Die Menschen im Zeitalter ihrer Überflüssigkeit. Über die Herkunft von Gruppen, Cliquen, Banden, Rackets und Gangs, 1997
69. *Mathias Wedel*, Wie ich meine Kinder mißbrauchte. Das Ende der Erziehung, 1997
70. *Fanny Müller*, Das fehlte noch! Mit Röhm und Hitler auf La Palma, 1997
71. *Kay Sokolowsky*, Who the fuck is Alice? Was man wissen muß, um Alice Schwarzer vergessen zu können, 2000
72. *Klaus Bittermann (Hg.)*, Warum sachlich, wenn's auch persönlich geht. Das Who's Who peinlicher Personen. Jahrbuch 1997
73. Noch nicht erschienen: *Robert Kurz*, Dabeisein ist alles. Die Globalisierung der Krise und das Ende der neoliberalen Illusion.
74. *Kurt Scheel*, Ich & John Wayne. Lichtspiele, 1998
75. *Eike Geisel*, Triumph des guten Willens. Gute Nazis und selbsternannte Opfer, 1998
76. *Martina Kahl & Petra Schneider*, Böse Mädchen kommen überall, 1998
77. *Fritz Eckenga*, Ich muß es ja wissen. Geschichten & Gedichte vom Fachmann, 1998
78. *Albert Hefele & Jürgen Roth Hg.)*, Alle meine Endspiele, 1998
79. *Susanne Fischer*, Versuch über die Sahnetorte, 1998
80. *Klaus Bittermann (Hg.)*, Warum sachlich, wenn's auch persönlich geht. Das Who's Who peinlicher Personen. Jahrbuch 1998
81. *Elke Schubert (Hg.)*, Wenn Frauen zu sehr schreiben. Einige bescheidene Einwände gegen das Geschäft mit der starken Frau, 1998
82. *Klaus Bittermann & Jürgen Roth (Hg.)*, Journalismus als Eiertanz. Zweiundfünfzig Meditationen über die Presse, 1999
83. *Roger Willemsen*, Bild dir meine Meinung, 1999
84. *Wolfgang Nitschke*, Bestsellerfressen I., Eine literarische Schlachtplatte, 1999
85. *Robert Kurz*, Die Welt als Wille und Design. Postmoderne, Lifestyle-Linke und die Ästhetisierung der Krise, 1999

86. *Klaus Bittermann & Thomas Deichmann (Hg.)*, Wie Dr. Joseph Fischer lernte, die Bombe zu lieben, 1999
87. *Klaus Bittermann (Hg.)*, It's a Zoni. Zehn Jahre Wiedervereinigung. Die Ossis als Belastung und Belästigung, 1999
88. *Klaus Bittermann (Hg.)*, Warum sachlich, wenn's auch persönlich geht. Das Who's Who peinlicher Personen. Jahrbuch 1999
89. *Eckhard Henscheid*, Meine Jahre mit Sepp Herberger. Neue Feuilletons, 1999
90. *Wiglaf Droste*, Bombardiert Belgien! & Brot und Gürtelrosen, 2000
91. *Fritz Tietz,* Die Kunst, einen Papst zu erlegen, 2000
92. *Joe Bauer*, Ich gebe alles. Glossen und Geschichten aus der Welt des Sports und artverwandter Wettkämpfe, 2000
93. *Klaus Bittermann (Hg.)*, Meine Regierung. Rotgrün zwischen Mittelmaß & Wahn, 2000
94. *Christian Gasser*, Mein erster Sanyo. Bekenntnisse eines Pop-Besessenen, 2000
95. *Klaus Bittermann (Hg.)*, Warum sachlich, wenn's auch persönlich geht. Das Who's Who peinlicher Personen. Jahrbuch 2000
96. Nie erschienen: *Arnulf Rating*, Das haben wir gerne. Ein Deutschlandführer.
97. *Wolfgang Nitschke*, Bestsellerfressen II. Es ist angerichtet, 2001
98. *Guy Debord* präsentiert Potlatch. Informationsbulletin der Lettristischen Internationale. Mit Dokumentenanhang, 2002
99. *Wiglaf Droste*, Die Rolle der Frau, 2001
100. *Jon Savage*, England's Dreaming, Anarchie, Sex Pistols, Punk Rock, 2001
101. *Hartmut El Kurdi*, Mein Leben als Teilzeit-Flaneur, 2001
102. *Klaus Bittermann (Hg.)*, Warum sachlich, wenn's auch persönlich geht. Das Who's Who peinlicher Personen. Jahrbuch 2001
103. *Georg Seeßlen*, Der Tag, als Mutter Beimer starb. Glück und Elend der deutschen Fernsehfamilie, 2001
104. *Harry Rowohlt erzählt Ralf Sotscheck sein Leben von der Wiege bis zur Biege*, In Schlucken-zwei-Spechte, 2002
105. *Jean-Michel Mension*, Wir haben unsere unfertigen Abenteuer gelebt. Eine Jugend im Paris der fünfziger Jahre, 2002
106. *Georg Seeßlen & Markus Metz*, Krieg der Bilder – Bilder des Kriegs. Abhandlung über die Katastrophe und die mediale Wirklichkeit, 2002
107. *Michela Wrong*, Auf den Spuren von Mr. Kurtz. Mobutus Aufstieg, Kongos Fall, 2002
108. *Rebecca West*, Schwarzes Lamm und grauer Falke. Eine Reise durch Jugoslawien, 2002
109. *Wolfgang Nitschke*, Bestsellerfressen III., Das Elend hat kein Ende, 2002
110. *Guillaume Paoli (Hg.)*, Mehr Zuckerbrot, weniger Peitsche, 2002
111. *Wiglaf Droste*, Der infrarote Korsar, 2003
112. *Fanny Müller*, Für Katastrophen ist man nie zu alt, 2003
113. *Fritz Tietz*, Zwischen Gourmetstation und Suppenhaarmuseum, 2003
114. *Jane Kramer*, Der einsame Patriot. Die kurze Karriere eines amerikanischen Milizionärs, 2003
115. *Richard Grant*, Ghost Riders. Reisen mit amerikanischen Nomaden, 2003
116. *Vincent Kaufmann*, Guy Debord. Die Revolution im Dienst der Poesie, 2003
117. *Klaus Bittermann (Hg.)*, Auf Lesereise. Wahre Geschichten, 2004
118. *Franz Dobler*, Sterne und Straßen, 2004
119. *Wolfgang Pohrt*, FAQ, 2004
120. *Wiglaf Droste*, Wir sägen uns die Beine ab und sehen aus wie Gysi, 2004
121. *Matthias Penzel & Ambros Waibel*, Rebell im Cola-Hinterland. Jörg Fauser – Die Biographie, 2004
122. *Alex Bellos*, Futebol – Fußball. Die brasilianische Kunst des Lebens, 2004
123. *Wolfgang Nitschke*, Bestsellerfressen IV, Solo gegen den Rest, 2004
124. *Klaus Bittermann (Hg.)*, Perlen & Trüffel. 25 Jahre Verlagsgeschichte, 2004

Unsere Homepage: www.edition-tiamat.de